知識ゼロからの

喜ばれる贈り物のマナー

岩下宣子

Noriko Iwashita

Manner of a present
pleased with

幻冬舎

贈り物に愛を添えて

本書を手にとっていただきありがとうございます。

あなたは贈り物をすることが好きですか？　「好き」と答えたあなたは、人を喜ばせることが好きなすてきな方だと思います。

贈り物を贈る人と贈られる人のどちらが幸せか？　と考えたとき、私は贈る人のほうが幸せだと思います。なぜなら、相手にどのようなものを贈れば喜んでもらえるのかを考えただけでワクワクするからです。自分が選んだ贈り物にどう反応するのかを、ドキドキしながら待ち、そして実際に相手に心から喜んでもらえたら、贈ったほうは何倍も何十倍もうれしくなるはずです。贈り物をすると、贈られた相手が喜ぶだけでなく、贈ったあなたもハッピーな気持ちになるのです。

思いやりや感謝の気持ちは、形に表さないとなかなか相手に伝わりません。贈り物をするときは品物を贈るだけでなく、あなたの気持ちを伝えるためにメッセージも添えましょう。

本書には、みんなが幸せになる贈り物のヒントがたくさん詰まっています。ぜひ贈る楽しみや幸せを味わってください。贈り物をするみなさまのお幸せを願って。

岩下宣子

知識ゼロからの喜ばれる贈り物のマナー　目次

贈り物に愛を添えて……1
喜ばれる贈り物のポイント……8
贈答のしきたり早見表……10

第1章 暮らしのなかの贈り物

【誕生日】誕生日の贈り物……16
コラム バースデーノートを作る……19
【季節の贈り物】バレンタインデーの贈り物……20

【季節の贈り物】ホワイトデーの贈り物……22
【季節の贈り物】クリスマスの贈り物……24
【季節の贈り物】母の日・父の日の贈り物……28
【季節の贈り物】お中元・お歳暮を贈る……32
お中元・お歳暮のQ&A……35
【季節の贈り物】お年賀・お年玉を贈る……36
【お付き合い】訪問時の手みやげ……38
【お付き合い】旅のおみやげを贈る……42
【お付き合い】引越しのあいさつ……44
【お付き合い】お見舞いを贈る……46
【お付き合い】快気内祝いとお返し……50
コラム 目録の書き方……52

第2章

冠婚葬祭の贈り物

【しきたり】のしと水引の決まりごと……54
【しきたり】祝儀袋・不祝儀袋のしきたり……58
【しきたり】ふくさの包み方と心得……62
ふろしきの包み方……65
【結婚】結婚祝いを贈る……66
コラム 披露宴に出席できない場合は祝電を……70
結婚祝いのQ&A……71
【結婚】引き出物を贈る……72
【結婚】関係者へのお礼……74
【結婚】結婚後のあいさつと内祝い……76
【子どものお祝い】出産祝いを贈る……78

【子どものお祝い】入園・入学祝いを贈る……82
【子どものお祝い】成人・就職のお祝いを贈る……84
【人生のお祝い】結婚記念日のお祝いを贈る……86
コラム　結婚記念日の名称と意味……89
【人生のお祝い】長寿のお祝いを贈る……90
【人生のお祝い】新築祝いを贈る……92
【人生のお祝い】いろいろなお祝いの贈り物……94
【葬儀】香典を贈る……96
通夜・葬儀のQ&A……99
【葬儀】供花・供物を贈る……100
【葬儀】香典返しを贈る……102
【葬儀】関係者へのお礼……104
【法要】法要を行うとき……106
コラム　お付き合い帳……108

第3章

贈り物の基本マナー

【贈り物の基本】贈り物の基礎知識……110
【贈り物の基本】郵送で贈るマナー……112
【贈り物の基本】花を贈るマナー……114
コラム 季節の花と花言葉……117
【贈り物の基本】贈り物をいただくマナー……118
【贈り物の基本】ラッピングの基本……120
【手紙の基本】手紙の書き方……124
【手紙の基本】尊称と謙称の使い分け……128
【手紙の基本】封筒の書き方……130
【送り状とお礼状】結婚祝いの手紙……132

【送り状とお礼状】出産祝いの手紙……133
【送り状とお礼状】結婚祝いへのお礼状……134
【送り状とお礼状】贈り物へのお礼状……135
【送り状とお礼状】お中元の送り状……136
【送り状とお礼状】お中元のお礼状……137
【送り状とお礼状】お歳暮の送り状……138
【送り状とお礼状】お歳暮のお礼状……139
【送り状とお礼状】お見舞い状……140
【送り状とお礼状】お見舞いへのお礼状……141
【送り状とお礼状】お悔やみ状……142
【送り状とお礼状】お悔やみのお礼状……143

喜ばれる贈り物のポイント

贈る人の気持ちや贈られた人の感謝を伝えやすくするために
マナーはあります。ポイントを押さえておきましょう。

贈るとき

1 誰になんのために贈るのか

誰でも、もらう理由のない贈り物が届けば、困惑してしまいます。贈る理由が相手にわかるように、表書きやあいさつ状などで、贈る理由をはっきりと伝えましょう。相手との関係や日ごろのお付き合いの程度も充分考慮します。あまり親しくもない人から高価なものが贈られても、かえって迷惑になってしまう可能性もあります。また、相手の身になって考えることが重要です。自分が贈ることで、相手に喜んでもらえるかどうか、考えましょう。

2 贈るタイミングを見極める

贈るタイミングを逸すると、贈る側の気持ちが相手に届かないこともあります。例えば結婚祝いなどは、招待状を受け取ってから挙式の一週間前頃までに届くように贈りますが、それより前に贈るのは招待を催促しているような印象を相手に与えてしまうのでよくありません。また、お見舞いもよほど親しい間柄でない限り、手術直後に押し掛けるのはかえって迷惑になります。相手の立場に立って、贈って喜ばれるタイミングを考えて贈りましょう。

贈られるとき

1 素直に喜び、お礼は早めに

贈り物をいただいたら、まずはお礼と素直な感謝の気持ちを相手に伝えましょう。相手が持参してくれた場合は、その場ですぐにお礼を伝えられますが、郵送された場合は、忘れずに礼状を出します。品物を受け取ってから、遅くとも3日以内には出すようにしましょう。礼状が苦手と、出しそびれてしまうよりは、一筆箋やカードでもかまわないので、一言お礼の気持ちを添えて送るようにします。親しい間柄であれば、電話やメールでもかまいません。

2 お返しが必要かどうか

お返しは、必ず必要というわけではありません。お返しをするのは一般的に、披露宴に招待しなかった人からの結婚祝い、出産祝い、病気見舞い、新築祝いなどです。一方、お返しをしなくてよいのは、初節句、七五三、入学などの収入のない子どもへのお祝いや、長寿の祝い、災害見舞い、餞別、お中元・お歳暮などです。しかし、お返しが必要ないとはいえ、七五三や長寿のお祝いへは、内祝いや記念品でお礼の意を表すこともあります。

3 水引・のしを使い分ける

水引の本来の目的は、奉書紙で包んだ贈り物や金包みが開かないように結ぶこと。一般的なお祝いやお中元、お歳暮などには赤白、結婚や長寿などのお祝いごとには赤白や金銀、弔事には黒白か銀一色を使います。そのほか水引の数や結び方は、用途によって使い分けられます。また、のしは、もともとは薄く切ったあわびを伸ばして干した「のしあわび」を指します。そこから派生して、のしには「伸びる、永続」の意味がつき、祝意を表します。ただし、肉や魚などのなま物にはつけません。

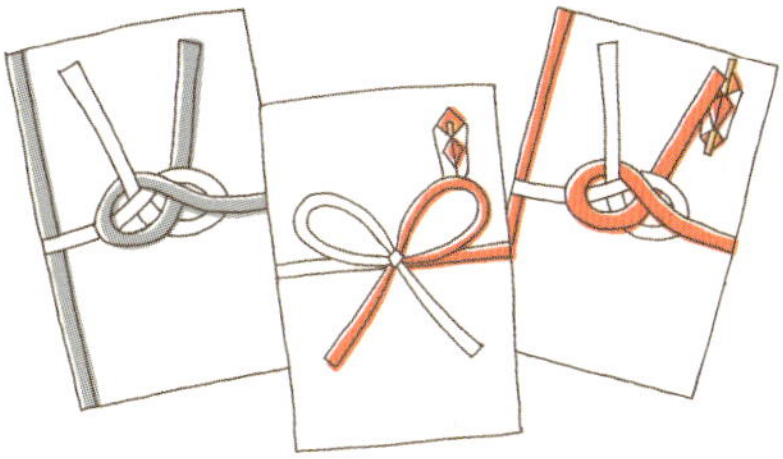

4 慶事は奇数、弔事は偶数

昔から贈り物の数として、奇数はおめでたい数字、反対に偶数は忌み数字とされてきました。また、4は「死」、9も「苦しむ」を連想させる数字なので、不吉とされています。例えば、お月見の団子の数が15個、弔事の団子の数が6個というのも、ここからきています。しかし、お金に関しては奇数偶数は関係ありません。ですから2を「ペア」と考え、ご祝儀に2万円を贈ることもできます。しかし奇数、偶数を特に気にする人は、1万円札1枚と5千円札2枚にして、奇数の枚数で包む場合もあります。

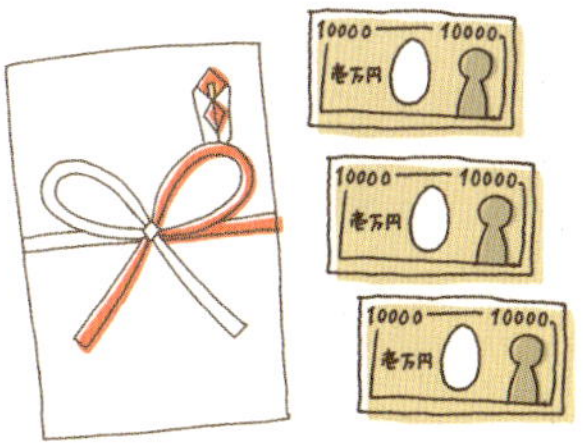

3 早すぎるお返しはNG

お礼を述べるタイミングは早いほどよいのですが、お祝いやお見舞いにはそれぞれ贈るタイミングがあります。折り返しすぐにお返しを贈るのは「義理」「事務的」といった印象を相手に与えてしまい、失礼になります。早すぎても遅すぎても気持ちが相手に伝わらない場合があることを忘れないようにしましょう。

相手の喜び、悲しみ、心配ごとに対して自分の気持ちを伝えるためにどのタイミングが一番いいのかをよく考え、贈る時期を逃さないようにしましょう。

4 断るときは、意思表示を

教師や公務員など、仕事や立場によっては、贈り物を受け取れない場合もあります。そんなときは、配達業者に引き取ってもらいます。受け取ってしまったときは、開封せずに上から包み直して、「立場上受け取れません」と一筆添えて返送します。

また、贈られることが負担であったり、もらう理由のない贈り物を断ったりするときは、「今後はご遠慮申し上げます」と礼状に書き添えましょう。どちらにしろ、いただけないことの意思表示をはっきり示しましょう。

贈答のしきたり早見表

のし袋は、水引、のし、表書きなど、贈る目的に応じて使い分けます。また、お祝いをもらったらお返しが必要か必要ないかも確認しましょう。

暮らしのなかの贈答

目的	お中元	お歳暮	お年賀	母の日・父の日
水引・のし・表書きなど	水引……赤白蝶結び のし……のしをつける 表書き……御中元 お返し……必要ない	水引……赤白蝶結び のし……のしをつける 表書き……御歳暮 お返し……必要ない	水引……赤白蝶結び のし……のしをつける 表書き……御年賀 お返し……必要ない	水引……赤白蝶結び のし……のしをつける 表書き……ありがとうお母さん（お父さん） お返し……必要ない
体裁				

目的	引越し（あいさつ）	引越し（運送業者へのお礼）	病気見舞い	病気見舞いのお返し
水引・のし・表書きなど	水引……赤白蝶結び のし……のしをつける 表書き……御挨拶 お返し……必要ない	体裁……略式の祝儀袋や大きめのポチ袋でも可	水引……赤白結び切り のし……のしなしが多い 表書き……御見舞・御伺 お返し……P50参照	水引……赤白結び切り のし……のしをつける 表書き……快気内祝
体裁		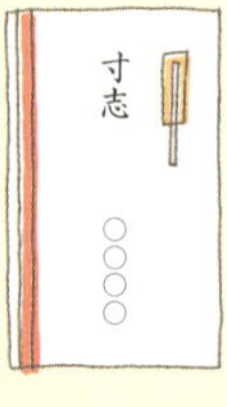	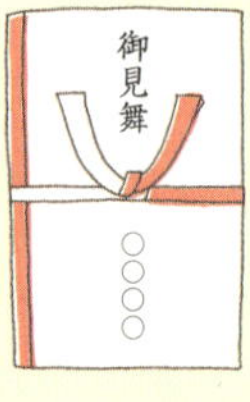	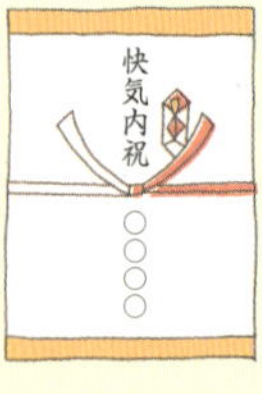

訪問のとき

- 水引……赤白蝶結び
- のし……のしをつける
- 表書き……御挨拶・御伺・松の葉・花一重
- お返し……必要ない

心づけ

- 体裁……ポチ袋・懐紙

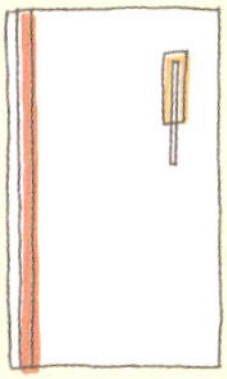

医師へのお礼

- 水引……赤白蝶結び
- のし……のしをつける
- 表書き……御礼

災害見舞い

- 水引……白封筒
- のし……のしはつけない
- 表書き……御見舞
- お返し……必要ない

お祝いの贈答

結婚祝い

- 水引……金銀・赤白結び切り
- のし……のしをつける
- 表書き……寿・祝御結婚
- お返し……引き出物または内祝いを贈る

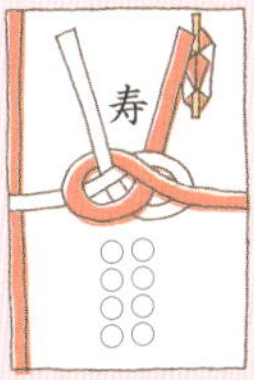

結婚の引き出物

- 水引……赤白結び切り
- のし……のしをつける
- 表書き……寿

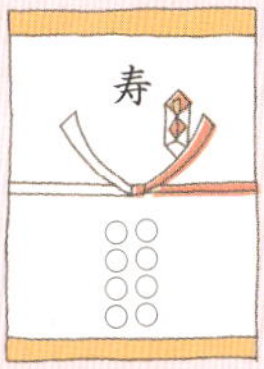

結婚祝いのお返し

- 水引……赤白結び切り
- のし……のしをつける
- 表書き……内祝

挙式料・司祭者へのお礼（キリスト教）

- 水引……赤白または白封筒
- のし……のしをつける
- 表書き……献金・御礼
- お返し……必要ない

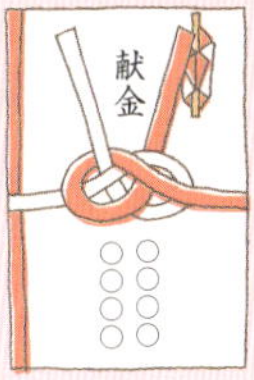

挙式料・神主へのお礼（神式）

- 水引……金銀・赤白結び切り
- のし……のしをつける
- 表書き……初穂料・玉串料
- お返し……必要ない

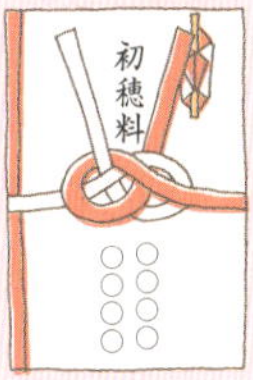

挙式料・僧侶へのお礼（仏式）

- 水引……金銀・赤白結び切り
- のし……のしをつける
- 表書き……御供物料・御布施
- お返し……必要ない

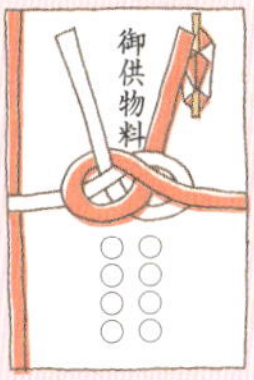

お祝いの贈答

目的	水引・のし・表書きなど	体裁
結婚式でお世話になった人へのお礼	水引……赤白結び切り または ポチ袋 のし……のしをつける 表書き……寿・御礼・御祝儀 お返し……必要ない	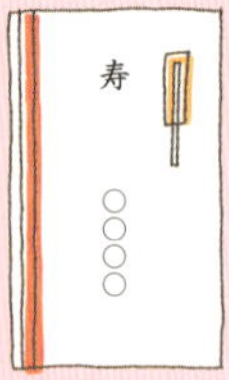
結婚記念日のお祝い	水引……赤白蝶結び のし……のしをつける 表書き……金婚式御祝・祝銀婚式・寿 お返し……内祝いを贈る	
初誕生日のお祝い	水引……赤白蝶結び のし……のしをつける 表書き……祝初誕生日・お誕生日おめでとう お返し……必要ない	
初節句のお祝い	水引……赤白蝶結び のし……のしをつける 表書き……初節句御祝・初雛御祝・玩具料 お返し……必要ない	
七五三のお祝い	水引……赤白蝶結び のし……のしをつける 表書き……祝七五三・賀御袴着（五歳） お返し……必要ない	
媒酌人への謝礼	水引……金銀・赤白結び切り のし……のしをつける 表書き……寿・御礼 お返し……必要ない	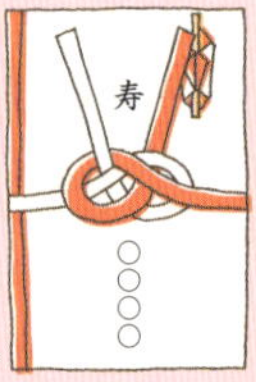
受賞（章）祝い	水引……赤白蝶結び のし……のしをつける 表書き……祝御受賞（章） お返し……記念品を贈る	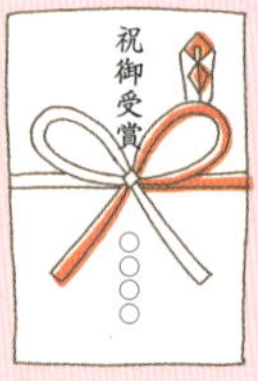
発表会・個展のお祝い	水引……赤白蝶結び のし……のしをつける 表書き……御祝 お返し……必要ない	
昇進・栄転祝い	水引……赤白蝶結び のし……のしをつける 表書き……祝御昇進・御栄転御祝 お返し……必要ない	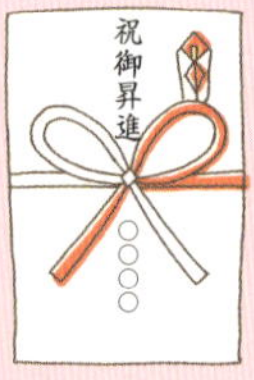
定年退職祝い	水引……赤白蝶結び のし……のしをつける 表書き……御礼・感謝 お返し……必要ない	

入園・入学のお祝い

水引……赤白蝶結び
のし……のしをつける
表書き……御入園御祝・祝御入学
お返し……必要ない

就職祝い

水引……赤白蝶結び
のし……のしをつける
表書き……就職御祝・賀社会人
お返し……必要ない

成人祝い

水引……赤白蝶結び
のし……のしをつける
表書き……祝御成人・成人式御祝
お返し……必要ない

長寿のお祝い

水引……赤白蝶結び
のし……のしをつける
表書き……祝喜寿・賀華甲・祝御長寿
お返し……内祝いを贈る

新築祝い

水引……赤白蝶結び
のし……のしをつける
表書き……御新築祝・新居御祝
お返し……内祝いを贈る

開店・開業祝い

水引……赤白蝶結び
のし……のしをつける
表書き……祝御開店・開業御祝
お返し……記念品を贈る

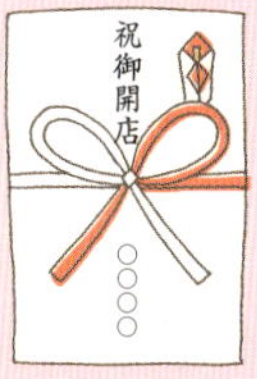

出産祝い

水引……赤白蝶結び
のし……のしをつける
表書き……御出産祝・御誕生祝福・肌着料

出産祝いのお返し

水引……赤白蝶結び
のし……のしをつける
表書き……内祝

お七夜のお祝い

水引……赤白蝶結び
のし……のしをつける
表書き……祝御七夜
お返し……内祝いを贈る

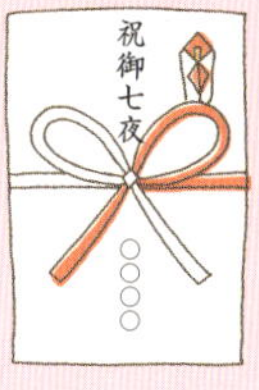

お宮参りのお祝い

水引……赤白蝶結び
のし……のしをつける
表書き……祝御宮参・御祝
お返し……内祝いを贈る

お宮参りのお祓い

水引……赤白蝶結び
のし……のしをつける
表書き……初穂料

転勤・途中退職する人

水引……赤白蝶結び
のし……のしをつける
表書き……御餞別・おはなむけ

弔事の贈答

目的	水引・のし・表書きなど	体裁
通夜・葬儀に出席する（仏式）	水引……黒白・双銀結び切り のし……のしはつけない 表書き……御霊前・御香料・御供 お返し……P102参照	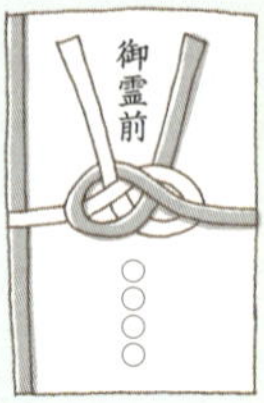
通夜・葬儀に出席する（神式）	水引……双白・黒白結び切り のし……のしはつけない 表書き……御榊料・玉串料・御供 お返し……P102参照	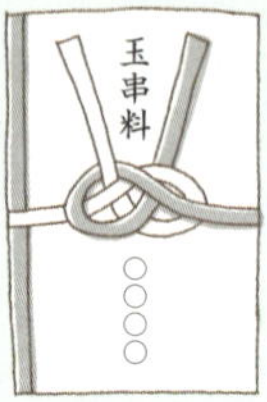
通夜・葬儀に出席する（キリスト教式）	水引……白封筒（百合・十字架つき） 表書き……御花料・御白花料・御ミサ料（カトリック）・忌慰料（プロテスタント） お返し……P102参照	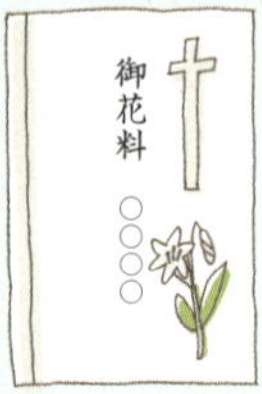
僧侶へのお礼	水引……白封筒 のし……のしはつけない 表書き……御布施	
神官への謝礼	水引……白封筒 のし……のしはつけない 表書き……御祭祀料	

目的	水引・のし・表書きなど	体裁
神父・牧師・教会への謝礼	水引……白封筒 のし……のしはつけない 表書き……御礼・献金	
お世話になった人へ	水引……白封筒 のし……のしはつけない 表書き……志・御礼・感謝をこめて（キリスト教）	
葬儀のお返し（キリスト教式）	水引……黒白結び切り のし……のしはつけない 表書き……志・記念品	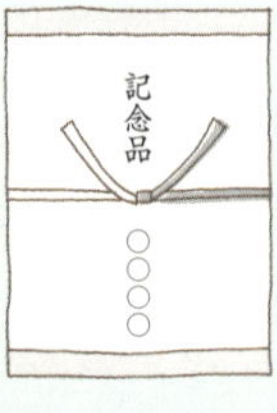
葬儀のお返し（仏式）	水引……黒白・黄白結び切り のし……のしはつけない 表書き……志・忌明志・満中陰志	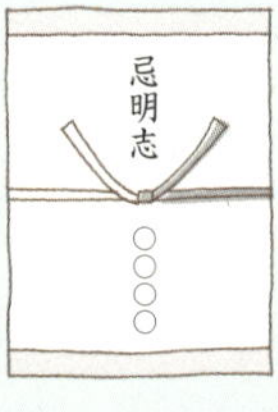
葬儀のお返し（神式）	水引……黒白・黄白・双白結び切り のし……のしはつけない 表書き……志・偲草	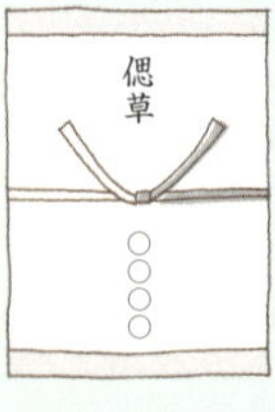

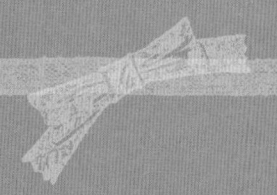

第1章
暮らしのなかの贈り物

日常生活のなかで、品物を贈る、
贈られる機会は多くあります。
暮らしの贈答のマナーを覚えておくと、
日ごろの感謝の気持ちが伝えやすくなります。

誕生日

誕生日の贈り物

誕生日は誰にとっても、一年に一度の大切な記念日。いくつになっても誕生を祝う気持ちは変わりません。そして、誕生を心から祝ってくれる人の存在こそ、何よりの贈り物かもしれません。プレゼントを贈るときは、「心から喜んでもらいたい」というあなたの気持ちも添えて贈りたいものです。

家族や友人、大切な人の喜ぶ顔を思い浮かべながらプレゼントを選ぶのは、あなたにとってもわくわくする特別な時間になるはず。

贈る相手とあなたとの関係によって必要な、少しの気配り＝マナーを押さえておけば、きっとお互いにとってさらに特別な記念日になるでしょう。

Check!

贈るときのPOINT

□現在の相手を思い浮かべて

相手の趣味や家族、年齢や住んでいるところなど一年ごとに環境は変わります。「贈りさえすれば」といった気持ちで選んではピントがずれてしまうこともあります。相手の立場で品物を選びましょう。

□親しさの度合い

家族や彼に贈るときと、恩師や会社の先輩に贈るのでは品物の特性や金額に当然考慮が必要です。

□贈るタイミング

どんな贈り物もタイミングを外してしまっては台無しです。誕生日当日が基本ですが前後3日以内には贈りましょう。特に誕生日は間違えないようにしたいものです。手帳やアドレス帳できちんと管理しましょう。

家族へのプレゼント

祖父・祖母

好みのお酒やお菓子に家族の写真を添えて、近況を知らせてあげましょう。

父・母

父：映画のチケットとランチを。久しぶりに父娘でデートなんてすてきです。
母：エステやネイルサロンのチケットを。「いつまでもきれいでいてね」という言葉とともに贈ってみましょう。

兄弟・姉妹

おもいきり実用的な雑誌の年間購読や、ダイエット食品というのもアリかも。家族だからこそ贈れるプレゼントです。

Manner up!

バースデーカードを贈る

プレゼントと一緒に「おめでとう」の一言でも相手はうれしいものですが、あなたの思いのこもったメッセージがすてきなバースデーカードに添えられていたら、品物と同じくらい大切な記念になります。
書店や文具店のカードコーナーにはビックリするほどたくさんのバースデーカードが並んでいます。眺めるだけでも楽しいので日ごろからチェックしてみてはどうでしょう。

大切な人へのプレゼント

上司・先輩

会社で使うマグカップや、パソコン周りのおしゃれな小物など。

POINT あまり気を遣わせない程度の金額で、会社で使えるようなものにしましょう。

恩師・先生

眼鏡ケースや眼鏡ループなどは、実用的でおしゃれです。あっても邪魔にならないものを。

POINT 身近に置いていただいて、あなたを思い出してもらえるようなものを。

彼・彼女

アクセサリーや財布など革小物が一般的ですが、観たかったといっていた映画の DVD や聴いてみたいといっていたコンサートのチケットなどもすてきです。

POINT 金額よりも相手への思いが伝わるものを。大事に思って相手をみていないと気付けないプレゼントは、きっと感動してもらえるはずです。

Column

バースデーノートを作る

大切な誕生日を忘れないために

バースデーノートとは、誕生日だけでなく本人も忘れがちな記念日などをまとめたもの。去年なにを贈ったか、相手が興味を持っている事柄なども書き込んでおくと役立ちます。

携帯電話・スマートフォンを活用して

携帯のアドレス帳、スケジュール機能やスマートフォンのアプリも利用して、表示やアラームを設定すれば大切な人の誕生日を忘れません。

季節の贈り物

バレンタインデーの贈り物

バレンタインデー（2月14日）は欧米では恋人同士が愛と感謝の気持ちを伝えるためにプレゼントを贈り合う日です。しかし日本では、女性から男性へチョコレートなどのプレゼントを渡すのが一般的です。

また、日本には義理チョコという独自の習慣があります。毎年たくさんの人へ贈るのは面倒と思われそうですが、職場の上司や同僚、父親など感謝の気持ちをカジュアルに伝えられる日と前向きにとらえましょう。普段は恥ずかしくていえない「ありがとうの気持ち」をチョコレートに添えて贈りましょう。女性同士でチョコを贈り合い、楽しむ友チョコなどもあります。

彼へのプレゼント

ブランドチョコ

やっぱりここは奮発して本格派の高級ブランドチョコレートを！

お取り寄せ

地方にしか売っていないお取り寄せチョコを二人で楽しんだら旅行気分。

手作り

気持ちを伝えるなら手作りが一番。ラッピングアイテムにも気を配って！

手作りで気をつける注意点

手作りキットを上手に活用！

手作りに挑戦したいと思っても、お菓子作りに自信がない人もいるでしょう。そんなときは、材料や型、デコレーションチョコなどが一式そろったキットを使えば、簡単に見た目もかわいく、おいしいお菓子が作れます。

もしかして……NG?!

手作りのぬくもりは、贈る相手によっては気持ちが重すぎてしまう恐れも。手編みのセーターやマフラーは要注意。片思いの段階では避けたほうが無難です。

Manner up!

義理チョコのマナー

- わずらわしいなんて思わずに感謝をこめて
- コンビニチョコだとしてもハート形は避けて
- 既婚者へは「奥様とどうぞ」など一言を

［グループで］
まとめて買うときでも、お店選びや買い出し、メッセージ作りなどはみんなで。誰かだけが負担にならないようにしましょう。

［一人で］
ポイントはあくまでも本命でないことをわかってもらうこと。柿の種をチョコレートコーティングした和風であっさりしたものなど。

季節の贈り物

ホワイトデーの贈り物

日本独自の習慣であるホワイトデーは男性から女性へバレンタインデーのお返しに贈り物をする日です。

以前は、いただいた倍の品を返すのが一般的でしたが、今はそう構えなくても大丈夫です。

また、義理チョコのお返しが高価すぎると、お互いにとってよくありません。高価なものを考えているときは、贈る前に周りの友人や同僚の意見を聞いてみましょう。相手の負担にならないように注意します。彼女や奥様へのお返しなら、一緒に品物を選ぶ過程を二人で楽しむのも思い出になります。贈る相手の身になってなにが一番喜ばれるか考えを巡らせましょう。

彼女へのプレゼント

洋服

彼女と一緒に丸一日かけて探す心意気で！ 選ぶ過程を二人で楽しめるホワイトデーにしましょう。

花束

二人にぴったりな「花言葉」を持つ花を選ぶとロマンチック。メッセージも添えましょう。

アクセサリー

あなたをいつでも傍に感じてもらうためにも、身につけるアクセサリーは最適です。

喜ばれる義理チョコのお返し

お菓子

職場の方へのお返しなら、少し手間でも同じくらいの金額でキャンディやクッキー、チョコレートなどバラエティに富んだものを。かわいく個包装されていれば職場のみんなで分け合えるので喜ばれます。

写真集

外国の風景や女性に人気のある猫や犬の写真集などは、センスを感じさせる大人のお返し。あまり大きくないサイズを選んで。

ハンカチ

何枚あっても邪魔にならないハンカチ。ブランド品だけでなく、タオル素材でオーガニックコットンを使ったものなどは、素材に敏感な女性に喜ばれます。

Check!

お返しするときのPOINT

□お返しは一人一人に

グループでもらったからグループで返そう！ はNG。どんなに小さなものでもよいので、一人一人にお返しを。

□セクハラに間違われる品は避ける

ショーツなどの下着は、いくら気心が知れていても職場でのお返しにはNGです。最近ではお菓子にセットでついているものなどもあるのでご注意を。

季節の贈り物

クリスマスの贈り物

子どもの頃は冬休みの一大イベントで、お正月よりも楽しみにしていた思い出がみなさんにもありませんか？　起きると枕元には欲しくて欲しくてたまらなかったおもちゃや、女の子ならすてきなおしゃれアイテムが。やっぱりサンタさんには願いが届いていたのだと、うれしくなったものです。

とはいえ、大人になっても待ち遠しいのがクリスマス。家族や恋人、友人など大好きな人と過ごすクリスマスは、いくつになっても大切な日です。ポイントを押さえてみんなに喜ばれるプレゼントを贈りましょう。

日本では、クリスマスよりクリスマスイブに祝うことが多いようです。

Check!

贈るときのPOINT

□準備

クリスマスプレゼントの準備は早め早めを心がけましょう。

□ラッピング

クリスマスの雰囲気を楽しむために、プレゼントのラッピングはクリスマスカラーで華やかに。

クリスマスカードを贈る

● **手作りカード**

フェルトを使ってそのままツリーのオーナメントになるカード。

● **市販のものをアレンジ**

デジカメで撮った写真をプリントし、市販のカードにコラージュしてオリジナルカードに。

ヒント

サンタクロースからのクリスマスカード

サンタクロースの代わりに書く

サンタクロースになったつもりで、子どもに手紙を書くのもいいでしょう。ひらがなで書くと字でわかってしまうかもしれないので、「イツモ　オカアサンノ　オテツダイヲシテ　エライネ」など、カタカナで書いてみてはどうでしょうか？

家族と楽しむクリスマス

家族でクリスマスを祝えるのは子どもが小さいときだけかもしれません。
たくさんの思い出を作ってあげましょう。

みんなでプレゼント交換会

クリスマスは誰もが童心にかえれます！ 中身は内緒でプレゼント交換会をしてみては？ 音楽に合わせて家族で輪になってプレゼントを回していきます。止まったときに手にしていたものがその人のプレゼント。当たりがあったりハズレがあったり、きっと盛り上がるはずです。

家族でカラオケ

普段みたことのないお父さんの熱唱姿をみんなで楽しんだり、お母さんと一緒になつかしのアイドルの曲を振りつきで歌ったり。両親への感謝を歌った曲を兄弟でプレゼントしてみるのもいいでしょう。

思い出を写真に

家族で過ごすクリスマス。毎年同じ場所に同じ立ち位置で写真に撮っておけば、家族が増えていく様子がわかるすてきなメモリアルアルバムになります。

大切な人へのプレゼント

彼・彼女

女性から男性へのプレゼントの定番は、財布や時計など。自分では買わないブランド品のネクタイなどもおすすめです。男性から女性へのプレゼントは、アクセサリーがもらいたいプレゼントの人気ナンバーワン。有名パティシエのケーキや、一緒に過ごすディナーなどもおすすめです。

友人

星のオーナメントや、ガラスやキャンドルでできたツリーのオブジェなどは毎年クリスマスに飾れるので喜ばれます。友人同士でのクリスマスパーティーならシャンパンやワインと一緒にシャンパン入りチョコレートなどを添えると大人の贈り物に。

Manner up!

スケジュール確認はしっかりと

クリスマスシーズンは友人や恋人同士、家族と、パーティーのスケジュール調整をしておかないと誰かを悲しませることになりかねません。スケジュールは早め早めに調整しましょう。

季節の贈り物

母の日・父の日の贈り物

母の日も父の日も、元々はアメリカで始まった習慣ですが、日本でもすっかり定着しています。

「日ごろの感謝をかたちに」と、贈り物をするのは、どこの国でも共通した子どもの思いです。毎日家族のためにがんばってくれているお父さんやお母さんに、普段は照れ臭くていえない感謝の言葉を添えて贈れば、きっとご両親の喜びもひとしおです。

また、自分の母親や父親だけでなく、親代わりとなってあなたを支えてくれている方などがいれば、その方にもぜひ贈ってみましょう。母の日や父の日を利用して、あなたの感謝の気持ちを伝えるチャンスです。

母の日・父の日の由来は？

母の日も父の日も、クリスチャンの女性たちによって、親への深い愛と感謝をこめて始められました。

母の日（5月第2日曜日）

アメリカ人女性が母の命日に白いカーネーションを霊前にたむけ、参列者に配ったのが始まりです。

父の日（6月第3日曜日）

アメリカ人女性が、男手ひとつで育ててくれたことへの感謝の気持ちを、バラの花束を贈って父親に示したことが始まりです。

喜ばれる贈り物のアイデア

現金や商品券

現金や商品券を贈る場合は、家族だからこそ祝儀袋などを利用してきちんとした体裁で贈りたいもの。水引は赤白の蝶結びで、のしをつけます。
もちろん現金や商品券だけでなく日ごろの感謝の気持ちを手紙に託して添えましょう。

POINT 金額の目安は3千～1万円ですが、兄弟、姉妹で出し合えば、旅行やコンサートなどの少し高額なプレゼントも贈れます。

自分では買わないもの

お父さんが「一度は飲んでみたい」といっていた地方の酒蔵の有名な日本酒や、「こんなきれいな色の服、着てみたいけど……」とお母さんが買うのをためらったブラウスなど、自分たちではなかなか買わない品を贈ってあげると、きっと喜びも倍になります。

POINT こまめにリサーチできるのも家族だからこそ。欲しがっているものや、一番興味のあるものをそれとなく聞いておけば、きっと喜んでくれるはずです。

ヒント

夫婦の時間を贈る

母の日と父の日を一緒にして、ホテルのディナー券や観劇チケットなど、二人で過ごす時間を贈るのもいいでしょう。

母の日の贈り物

● チケット

エステやネイル、美術館の入場券など、一人でゆったりとした時間を。

● 花

カーネーションだけでなく、お母さんの好きな花を贈っても◎。

● デート

岩盤浴や温泉でじっくりお母さんの話を聞いてあげて。

● 服

あなたが似合うと思う服やショールなどを選べば、きっとうれしいはず。

Manner up!

気をつけたいこと

白いカーネーションはその由来から「亡き母に」という意味があります。そのため、カーネーションに限らず、母の日に白いお花を贈るのはなるべく避けましょう。

また、なにを贈る場合でも、日ごろの感謝を伝えるためにメッセージカードや、少し襟を正して長い手紙を書いてみましょう。普段面と向かってはいえないことも手紙なら書けてしまえるものです。

父の日の贈り物

花

父の日にはバラを贈るのがもっとも一般的です。白バラもOKです。

傘

父の日は6月なのでちょうど梅雨の時期。少し上質な傘などを。

ランニングシューズ

「いつまでもカッコよくいてね」のメッセージを添えて贈りましょう。

ネクタイ

やっぱり定番といえばネクタイ。趣味のよいものを選びましょう。

ヒント

世界で一つだけのものを贈る

百貨店や専門店でオーダーメイドのひと品をプレゼントしてみませんか？　少し値は張りますが、兄弟や姉妹で出し合って贈るのも手です。シャツは生地や形ももちろんですが、イニシャルに使う糸の色を選んであげるなど、デート気分でお父さんをもてなしましょう。靴のオーダーメイドなら木型を残しておいてくれるお店もあります。毎年でなくても定期的にプレゼントしてあげてはどうでしょう。

季節の贈り物

お中元・お歳暮を贈る

日ごろお世話になっている方へ感謝の気持ちと末長いお付き合いをという気持ちをこめて贈ります。一般的には親や兄弟姉妹、親戚、職場の方、かかりつけ医、仲人などに贈りますが、職場や病院では贈答を禁止されているところもあるので注意しましょう。

本来は持参するのがマナーですが、実際にはデパートなどから直接送り届けるのが一般的です。目上の方へは贈り状や電話で贈った旨を伝えておくとより丁寧です。

また、いただいた場合は日をおかずに礼状を出しましょう。その場合、贈られた品について具体的な喜びの言葉を添えるとよいでしょう。

Check!

品選びの注意点

□靴下・たび・草履

「踏みつける」という意味合いから嫌う方もいます。特に目上の方や年配の方へは贈らないようにしましょう。

□身につけるもの

アクセサリー、下着、パジャマなど、身につけるものは親しい間柄の人だけにしましょう。

□食品

ダイエットや食事療法中の方や、有機農法などの食材にこだわっている方へは食品は避けたほうがよいでしょう。

□手作り

先方から「ぜひに」と頼まれたときや、自他ともに認めるプロ級の腕前の場合以外は避けたほうが無難です。

時期、金額の目安とお返しのマナー

金額の目安

上司	3千～5千円
取引先	5千～1万円
仲人	5千円
親・親族	3千～8千円
友人・知人	3千～5千円

贈る時期

お中元は関東が7月初旬～15日、関西が7月末～8月15日。お歳暮は12月初旬～20日頃まで。

お返し

お返しは不要ですが、品物が届いたら先方にお礼の連絡を入れて、後日お礼状を書きます。

表書き・水引のマナー

お中元

水引は赤白の蝶結び。表書きは、7月15日（月遅れのお盆は8月15日）頃までが「御中元」、それ以降に贈る場合は「暑中御見舞」、目上の人に暑中お見舞いを贈るときは「暑中御伺」として贈ります。立秋（8月8日頃）を過ぎた場合は、「残暑御見舞」、目上の人には「残暑御伺」とします。

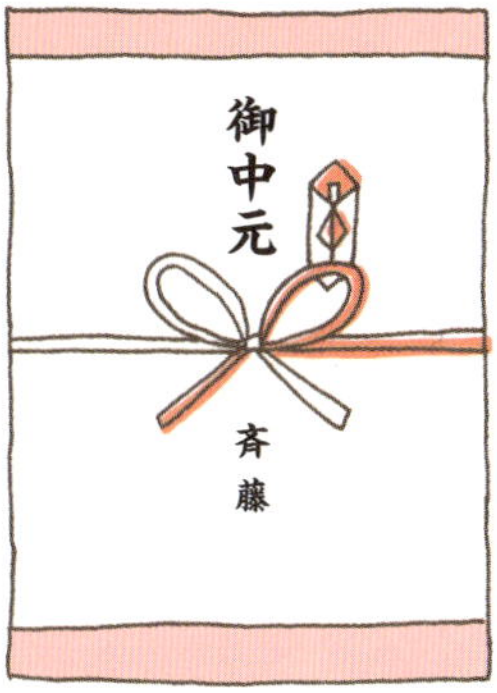

お歳暮

水引は赤白の蝶結び。表書きは「御歳暮」。贈る時期は、12月初め～20日頃まで。お正月に使うものなら30日までに届けばOK。時期を逃してしまったら新年のごあいさつとして「御年賀」を贈ります。寒の入り（小寒）が過ぎると、目上の方には「寒中御伺」、同輩や目下の人には「寒中御見舞」とします。

Manner up!

贈り先によって贈る品を考える

贈って喜ばれるものは、家族構成によって変わってきます。夫婦二人なら量よりも質を優先しましょう。小さな子どもがいる家庭ならジュースやアイスなどを。先方の負担にならない程度の金額を心がけます。生鮮食品を贈るときは、先方に予定を伺うと丁寧です。

毎年同じ品物を贈ってもよい

好評だった品物を毎年贈ることによって、先方に楽しみにしてもらえます。

お中元・お歳暮に喜ばれる品物

食料品

お中元ならそうめんや水ようかん。お歳暮にはお正月用の毛蟹やハムなど、季節感のあるものがいいでしょう。

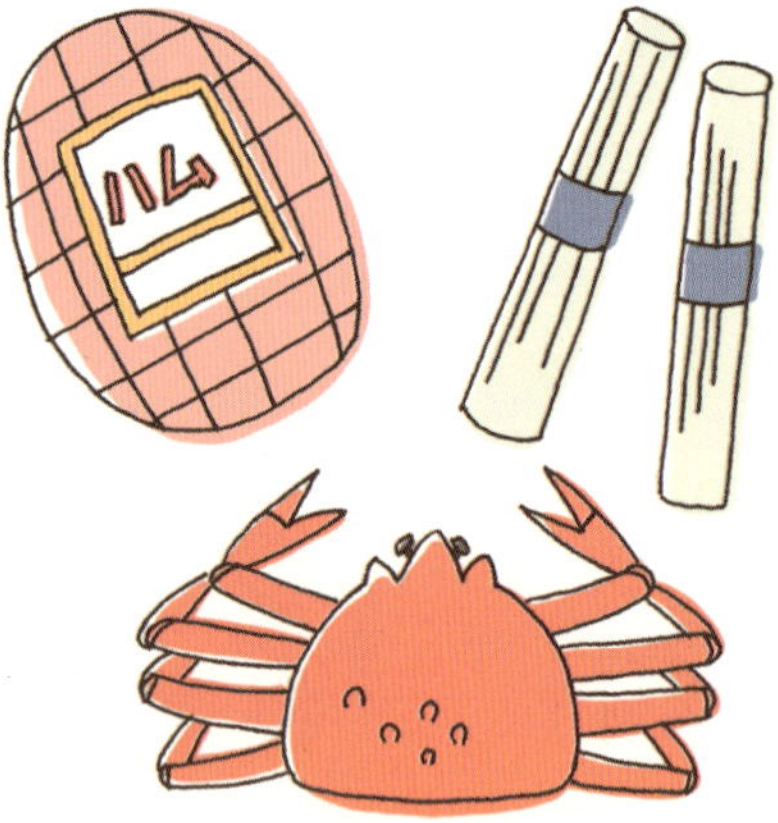

POINT 各地の名産の生鮮食品も人気が高く、喜ばれやすいお歳暮です。

洗剤・食用油

洗剤や油は、長期の保存がきく消耗品として人気があります。

商品券・ギフト券

商品券やビール券などは、贈られた人が好きなときに使えるので、もっとも人気があります。

POINT 最近のギフト券は種類が豊富です。先方の趣味嗜好を考慮したものを贈りましょう。商品券だけでは寂しいので、ちょっとしたお菓子などを一緒に添えるとよいでしょう。先方に品選びをお任せすることを詫びる一言を必ず添えましょう。

お中元・お歳暮のQ&A

Q お中元とお歳暮のどちらかにする場合は？

A お中元とお歳暮の両方を贈るのが原則ですが、相手によってはどちらかでも。一度にする場合は「一年の感謝をこめて」という意味をこめてお歳暮を贈りましょう。また、上司や取引先には必ず贈るべきだとは限りませんが、自己判断はせず、会社のルールに従って贈りましょう。

Q お返しは必要？

A 本来、お中元、お歳暮にお返しは不要ですが、目上の方から贈られてきたときなどは、お礼状だけではすまないときもあります。そんなときは時期をずらして「暑中御伺」や「御年賀」として贈りましょう。

Q 受け取れない相手から贈られてきたら？

A 品物が届いたらすぐに贈り主を確認します。受け取ることが背任行為になるときは、配送人に理由を告げて持ち帰ってもらいましょう。受け取ってしまったときは開封せず上から包装して返送します。どちらも辞退する旨をきちんと手紙で伝えることを忘れずにしましょう。家族は勝手に開けないようにしましょう。

Q お中元・お歳暮をいただいたら

A お礼は早めに伝えましょう。遅くとも3日以内に御礼状を出しましょう。親しい間柄なら電話やメールだけでもよいでしょう。

Q いただいた品物が壊れていたら？

A 品物をいただいたら、中身をすぐ確かめましょう。もし、配送された品物が壊れていたり、不良品だったりしたときは、発送元のデパートや商店、配送業者にその旨を伝えれば、過失がない場合は、同じ品物か等価商品と交換することができます。その場合、先方を恐縮させないためにも事実は伏せておきましょう。

季節の贈り物

お年賀・お年玉を贈る

日ごろお世話になっている職場の上司や恩師、先輩、また夫婦の実家などに伺うときは、手みやげ程度の品をお年賀として持参します。夫婦の実家は別として年始のあいさつは玄関先ですませるのがマナーです。上がるようすすめられても丁寧にお断りしましょう。

お年玉は、歳神さまからいただいた魂を、目上から目下へ分け与えたことから由来しています。大人から子どもへお小遣いとして現金を渡すことが一般的ですが、品物でもよいのです。基本的には親戚やごく親しい間柄の子どもに渡します。年始回りの際、上司など目上の方のお子さんに渡すのは失礼になるので避けましょう。

お年玉のマナー

お年玉の金額の目安

お金が使える年齢なら、やはり現金がうれしいもの。上司の子どもには、「お年玉」ではなく「図書料」と表書きして贈りましょう。目安は子どもの一か月のお小遣い程度。地域差や親戚内でのルールもあるので、慣習にならいましょう。

	自分の子ども	親戚の子ども
小学校入学前	千円	2千円
小学校低学年	3千円	3千円
小学校高学年	5千円	5千円
中学生	5千円	5千円
高校生	1万円	5千円
大学生	1万円	1万円

年始のあいさつ

お年賀を持参する

新年のあいさつは、2日から7日（松の内）の間にお年賀を持って伺います。元日は避けます。訪問する時間は、午前中は控え、お昼を過ぎてからにしましょう。上司などの家に子ども連れもNGです。お年玉の負担をかけないようにしましょう。

POINT　お年賀は、お菓子やお酒、果物などが一般的です。先方の好みに合わせて贈りましょう。金額の目安は千～２千円。お歳暮を贈っていない場合は少し上乗せして贈りましょう。

Manner up!

懐紙の包み方

ポチ袋がないときは懐紙を使ったお金包みを覚えておくと、とっさのときに便利です。

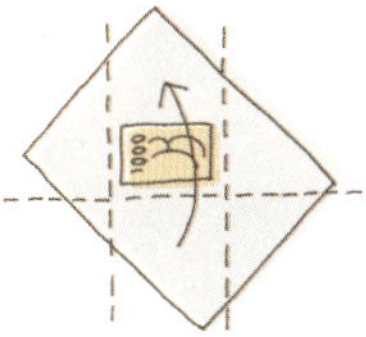

1 懐紙を斜めに置き、お札は四つ折りにして置く（裏が出る）。

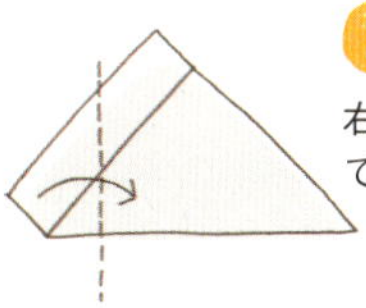

2 右は端をそろえて手前を折る。

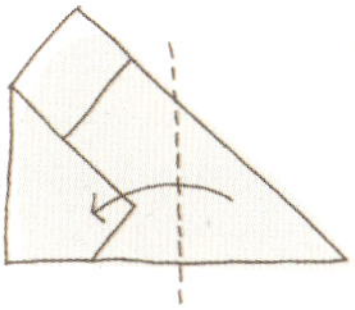

3 お札の幅に合わせて左、右の順で折る。

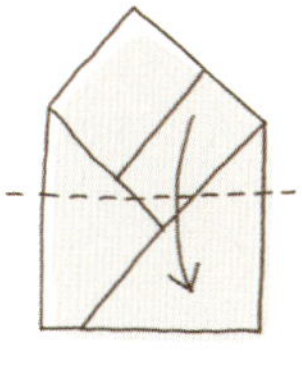

4 お札の幅に合わせて上から折り曲げる。

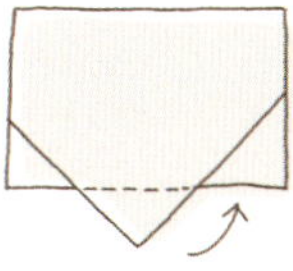

5 余っている部分を折り込む。

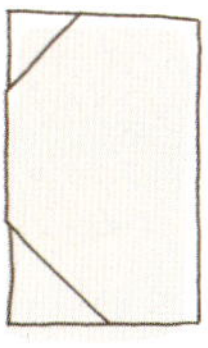

6 折り込んだ部分が左側にくるように。

訪問時の手みやげ

よそのお宅を訪問する際、日本では手みやげを持参するのが一般的です。普通の訪問であれば持参しなくても失礼ではありませんが、お詫びやお礼、またなにかを依頼するなどの用件があって訪問するときは、あらかじめ用意して持参するのがマナーです。

「手みやげ（手土産）」には文字どおり〝土地の産物〟を持参するという意味がありますので、あまり高価なものや、相手先の近くで購入したものはNGになるので避けましょう。

約束の時間に遅れるのは当然マナー違反ですが、交通状況などで5分以上遅れそうな場合はわかった時点で必ず連絡を入れましょう。

Check!

訪問時に気をつけること

□訪問前の最終確認
チャイムを押す前に最終チェックを。身だしなみや、訪問日が雨の場合は傘で玄関を濡らさないように気をつけましょう。

□まずは先方に事前の連絡を
突然の訪問は先方のご迷惑になるので、必ず事前に日時を確認し、相手の都合を優先しましょう。

□おいとまする
久しぶりの訪問だと話が弾んでつい長居をしがちですが、相手の都合も考えて適当なところで区切りましょう。

□客間に通されたら
通された客間が和室か洋室かでもマナーの違いがあります（詳しくはP40）。

訪問時のマナー

訪問時間
早すぎる訪問は、迎える準備をしている先方にはあまり歓迎されません。ビジネスシーン以外では、予定より３～５分遅れで訪問するとよいでしょう。

遅れそうなときは
約束の時間に遅れそうなときは、できるだけ早く先方に連絡を入れ、遅れる理由と到着時刻を伝えます。

季節感のある手みやげ

春 桜色の和菓子や洋菓子

道明寺・桜餅やピンクに色付けされた生クリームのケーキなど、見た目で春を感じられるものを。

夏 涼を感じるフルーツゼリーや和菓子

洋菓子ならカラフルなフルーツゼリーやプリン、和菓子なら水ようかんやあんみつ、くず餅など。

秋 栗などを使った秋らしいお菓子

栗やサツマイモ、かぼちゃなど秋の味覚を贅沢に使った、洋菓子ならロールケーキ、和菓子ならようかんなど。

冬 温かい飲み物に合うものを

どら焼きやタイ焼きなどお茶に合う和菓子や、コーヒーに合うチョコレートなど。

Manner up!

手みやげの選び方

手みやげを選ぶときは、訪問先で購入すると、いかにも「間に合わせ」といった印象を相手に与えてしまいます。事前に用意しましょう。また、相手の負担になるような明らかに高価なものは手みやげとしてふさわしくありません。2千円程度を目安に。また、年配の方に渡すときは、手みやげの個数を4個や9個など縁起の悪い数字にならないように気をつけましょう。

客間に通されたら

和室

入室 特にすすめられたとき以外は入口に近いところへ座り、歩くときは敷居や畳のへりを踏まないようにしましょう。

あいさつ バッグや手みやげを傍らに置いてから座布団の下座脇に正座してあいさつをします。

手みやげ 包みから手みやげを出し、品物の正面を相手に向けて畳の上を滑らすように両手で差し出します。

座り方 座るようにすすめられたら、ひざからにじるようにして座布団の中央へ座ります。座布団を踏んだり上に立ったりするのはNGです。

洋室

入室 入口近くで立って待つか、入口に近い席に足を組まずに座ります。

あいさつ 洋室では立ってあいさつするのがマナーです。そのためにもすぐに立てるよう浅く腰かけます。

手みやげ あいさつ後、座る前に手みやげを袋から出して、「お口に合うといいのですが」などと一言添えながら渡します。

Manner up!

コート類は持ち込まない

脱いだコートやマフラーなどは部屋まで持ち込まないようにしましょう。玄関の隅にたたんで置いておきましょう。

手みやげの渡し方

渡すときは一言添えて

品物はふろしきに包むか、購入したときの紙袋へ入れて持参します。上司や目上の方などあらたまった訪問のときはふろしきに包むのがベターです。渡すときは包みから出して渡します。
生花やアイスクリームなど、なま物以外は、部屋に通されてから渡しましょう。渡すときに、「お口に合うとよいのですが、うちの近所で評判のお菓子です」「お口よごしですが……」など、一言添えましょう。

Manner up!

訪問後のお礼

帰宅した後はすぐに、お礼の気持ちを電話か礼状で伝えます。訪問する時間にもよりますが、おいとまするのが遅くなって先方が帰宅を心配しているような様子だったときは、帰宅後すぐに電話しましょう。訪問先が目上の相手や、あらたまった用件で伺った場合は、さらに礼状を出すと丁寧です。

礼状のタイミング

遅くとも3日以内に。それ以上間があいてしまうと、せっかくの気持ちが伝わりづらくなります。

お付き合い

旅のおみやげを贈る

旅先の見知らぬ土地で味わった感動などを人に伝えるためにおみやげは欠かせません。旅先にしかないおいしいものや民芸品など特色のあるものを贈りましょう。

海外旅行なら旅先から便りを出してみましょう。珍しい海外の切手やはがきはそれだけでもすてきなおみやげになります。また日用品も海外のものだとすてきにみえるものです。地元のスーパーなどで売っているお菓子類やバスグッズなどは、パッケージもポップでかわいいものがたくさんあります。値段も手ごろなのでまとめて買っておくと、おみやげが足りないといったこともなくなります。

旅先からのお便り

旅先でみつけた絵はがきで大切な人へ便りを出すのもすてきな贈り物です。携帯用の水彩道具やカラーペンなどを持っていけば自作の絵はがきもできます。

ヒント

エアメールの書き方

海外での住所の書き方は、日本とは逆で、(1) 名前 (2) 住所 (3) 郵便番号 (4) 国の順に書きます。海外からエアメールを出すときは、日本の住所の書き方で書いても届きます。赤で「Air Mail」と書き、宛名部分の最後に「Japan」をつけましょう。

国内・海外旅行のおみやげ

国内

「その土地でしか買えない」というポイントを外さないようにしましょう。
また季節によっては和菓子も洋菓子も期間限定のご当地品などが多くあるのでお店の方に聞いてみましょう。
櫛は縁起が悪いといわれていますが、信州のつげ櫛のような工芸品は喜ばれます。

海外

海外のおみやげは、かさばるものを避けるためか、チョコレートなどマンネリ化しがちです。そこで、かさばらず行った先の雰囲気を伝えられるカレンダーはいかがでしょうか？ デザインも日本では見かけないものが見つかりますし、その国の記念日や祝日が書かれたカレンダーならひと味違ってみえます。卓上サイズを選べば持ち帰るときも困りません。

Manner up!

おみやげのお返し

基本的にお返しは不要ですが、お菓子などの食べ物をいただいたら、「家族みんなでおいしくいただきました」や、工芸品など品物をいただいたときは、「とてもすてきな品をありがとうございます」などと手紙や電話でお礼の気持ちと、感想を伝えましょう。

お付き合い

引越しのあいさつ

引越しのごあいさつは、これまでお世話になった方へ引越しの前日までにはすませておきましょう。

また、引越し当日は大型の運送用トラックを建物の前の道路に停めたり、人や大きな荷物が行き交ったりすることになります。戸建て、マンションにかかわらずご近所の方へ前もって断っておきましょう。

引越した先では荷物の整理が一段落したら、ご近所へあいさつに伺います。その際は、名刺代わりの品物を持参して、家族そろって伺いましょう。当日に思いの外あわただしくごあいさつが無理な場合でも、翌日の午前中には伺うようにしましょう。

お世話になった人へのあいさつ

引越しの前日までにしましょう。基本的に品物を配る必要はありませんが、お世話になった度合いに合わせて礼状とともにお菓子などの品物を贈ってもよいでしょう。その場合の金額の目安は２千円から３千円程度です。

引越し先でのあいさつ

戸建ての場合、向こう三軒両隣と裏の家へごあいさつしましょう。マンションの場合、両隣と真上、真下の部屋に。手みやげは、５百円から千円程度のタオル、せっけん、お菓子に「御挨拶」と書いたのし紙をつけます。大家さんや管理人さんへのあいさつは、千円から２千円程度の品物を持って伺います。

引越しでお世話になった人へのお礼

現金など

現金や図書カード、商品券などをポチ袋に入れて当日手渡します。渡すタイミングは、事前でも荷物をすべて積み込んだ後でもかまいません。

食品・飲料水

ビール券やお菓子、ジュースの詰め合わせなどを、相手の家族構成を考えて贈りましょう。

引越し先の特産品

後日贈る場合は、転居先の銘菓や特産物を選ぶのも喜ばれます。

おもてなしパーティー

新居のお披露目も兼ねて、手作りの料理でおもてなししましょう。

Manner up!

引越し業者への心づけ

運送業者の方へは現金が一般的です。受け取らないところもありますが、「みなさんで」と、作業員の責任者の方へ３千円程度を渡しましょう。赤白、蝶結びののし付き略式祝儀袋がよいでしょう。表書きは「寸志」として用意します。

お付き合い

お見舞いを贈る

日ごろお世話になっている人の入院の知らせを受けたとき、すぐに病院に駆けつけるのはやめましょう。入院直後は、本人も家族も一番動揺しているでしょうし、容態があまりよくない場合も考えられます。お見舞いは、本人や家族に充分な配慮が必要です。まずは家族などに病状を確認して、お見舞いに行ってもいいかの確認をしましょう。面会できるような病状なら、家族にそれとなくお見舞いの品の希望を聞くのもよいでしょう。

面会時間内は、食事時や治療時間などは避けます。また、大人数で押し掛けたり、小さな子どもを連れていったりするのもなるべく避けましょう。

Check!

相手の状況を考えて

□お見舞いの時期

身内やごく親しい人以外は入院、手術直後のお見舞いは控えましょう。

□ご家族にお伺いを

お見舞いに行くときは、事前に本人の病状や様子を家族に伺い、了承を得てから行きましょう。

□お見舞いに伺えないとき

容態がおもわしくなかったり、本人が負担に感じたりしているようなら無理強いはせず、手紙やお見舞いの品を自宅に届けましょう。

お見舞い品の選び方

本・写真集

病状によって軽い読み物などは退屈な入院生活にはもってこいです。

趣味

音楽が好きな人にはCD、絵心のある人にはスケッチブックなども。

テレホンカード

携帯電話の使えない病院では何枚あってもうれしいものです。

癒しグッズ

慣れない入院生活で寝つけない人へ。かわいい動物の形のアイピローなどを。

Manner up!

入院見舞いのマナー

入院先の病院の面会時間を確認してから行きましょう。相手の体調も考えて早めに切り上げるように心がけて。相部屋の場合は他の入院患者さんもいるので15分程度を目安にしましょう。

現金を贈るとき

入院にはなにかと費用がかかるので病気見舞いには、現金も喜ばれます。目上の人に現金を贈るのは失礼とされていますが、入院見舞いの場合は失礼にはなりません。現金を贈るときは赤白、結び切りの水引をかけた祝儀袋を使うのが正式です。表書きは、目上の人には「御伺」、同輩や目下の人には「御見舞」とします。

金額の目安

家族・親戚	1万円
友人・知人	5千円
会社関係の人	5千円

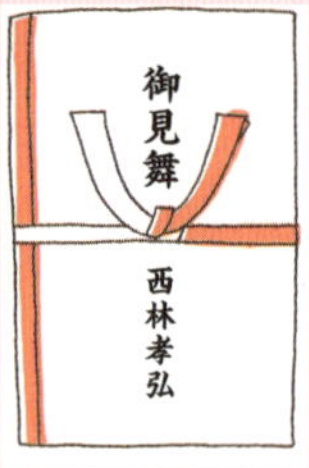

表書きは「御見舞」、水引は赤白の結び切り、のしはつけるのが本当ですが、「伸ばす」を連想させるため、つけないものも多いようです。

いろいろなお見舞いの表書き

表書き

【陣中見舞い】 陣中見舞いはがんばっている人に励ましの気持ちをこめて贈ります。

陣中御見舞　どんな陣中見舞いにも使える表書きです。家族と離れてがんばっている単身赴任者などに。

祈必勝　勝利を祈る気持ちをこめた表書きです。スポーツ選手などへ。

祈御健闘　イベントのスタッフや事務所開きの際に激励する気持ちをこめた表書きです。

【災害見舞い】 地震や水害、火事など親戚、友人知人が被害にあったとき励ましの気持ちをこめて贈ります。

災害御見舞　火災、震災、水害など。あらゆる災害に共通する表書きです。

震災御見舞　地震による被害にあった人に。

水害御見舞　洪水などの被害にあった人に。

近火御見舞　近所の火事で消火の水の被害を受けた人に。

御見舞　具体的に災害を書くのを控えたいときに。

Check!

花を贈るときの注意点

病人の好きな花を贈るのが一番ですが、
いくつか注意する点を押さえておきましょう。

□香り・色のきつい花

香りも色合いも好みが分かれるような強いものは避けましょう。

□花粉が散りやすいもの

アレルギーなどを起こす人もいます。

□シクラメン・菊・椿

シクラメンは「死」や「苦」を連想させます。菊は葬儀に多く使われる花です。椿は枯れると花ごと首から落ちます。いずれも避けたほうがよいでしょう。

□鉢植え

「根つく」が「寝つく」に通じるため敬遠されます。

POINT

花束は花瓶を用意する必要があるので、そのまま飾れるアレンジメントがおすすめです。

交通事故の相手へのお見舞い

交通事故を起こして相手に怪我をさせてしまった場合、保険会社に任せっきりにするのではなく、まずは直接謝罪に伺い、心からお詫びをして誠意をみせましょう。具合がよくなるまで毎日お見舞いへ行くか、それができないときは手紙を出します。相手が金銭面などで安心するように、保険などのことを話しましょう。

お付き合い

快気内祝いとお返し

内祝いは本来、病気回復や結婚などよいことがあったとき、お祝いをもらった人やお世話になった人へ、飲食をともにして喜びをお裾わけするという意味でした。しかし、現在はお祝いやお見舞いのお返しと考えるほうが一般的です。お見舞いのお返しは不要という考え方もありますが、お見舞いをいただいたりお世話になったりしたときは、感謝とお返しの意味をこめて快気内祝いを贈るほうが無難です。

また、快気内祝いの品は、「きれいサッパリと治り、後に残らない」という意味から消耗品を選びます。溶けてなくなる洗剤、砂糖、サラダ油がよく贈られます。

快気内祝いのマナー

水引

快気内祝いは祝いごとではありますが、何度もあっては困ることですので、赤白の「結び切り」を使います。

表書き

一般的な表書きは「快気内祝」とします。病状が回復していないときは内祝いをしないで、病状の報告と「御見舞御礼」の品物を贈ります。

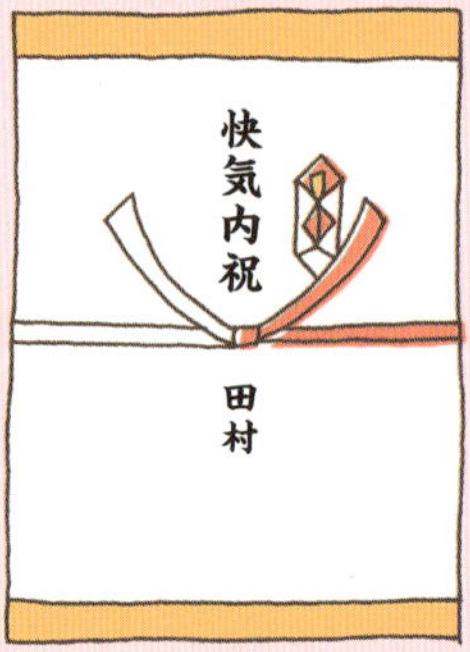

金額の目安

お見舞いの3分の1から半額が目安になります。
一律に同額の品を贈ってもかまいません。

贈る時期

一般には、退院または床上げから15日ぐらいを目安に贈りますが、「全快しました」という報告ですからあわてる必要はありません。

お礼状

品物だけが届くようなことのないようにしましょう。「おかげさまで全快いたしました」という報告や、お見舞いに対する感謝の気持ちを手紙にして出しておきましょう。

病院関係者へのお礼

お世話になった医師にお礼の金品を贈ることはよくありますが、本来診察とは別に謝礼は必要ありません。また、国公立の病院では謝礼は受け取らない規則になっていますし、大学病院などでも規制しているところが増えています。こういった病院では無理に謝礼をするとかえって迷惑になりますので気をつけましょう。

医師

金額にこだわることはありませんが、金額の目安は一般的に1万～3万円です。医師の好みなどがわかっていればいいのですが、品物を選ぶのは難しいので、商品券やギフト券が無難です。渡すタイミングは退院時がベターですが、お中元やお歳暮として渡してもよいでしょう。

看護師

看護師は医師と違って大勢の人にお世話になるので、個人よりはナースステーションへまとめて贈るのが一般的です。「お世話になりました。みなさんで召し上がってください」などと一言添えて、お菓子やジュースなど、簡単にいただけるものを渡しましょう。

Manner up!

入院が長引くときは

すぐに退院できるとは限らないでしょう。お見舞いに対して感謝の気持ちを表しておきたいときは、病状の報告とともに品物を贈ります。金額はお見舞いの3分の1から半額程度。赤白の結び切りの水引に、表書きは「御見舞御礼」「御礼」とします。

Column

目録の書き方

目録は、「後でその品物を贈ります」という約束の証です。昔は表書きを書かず、品物に目録をつけて贈りました。その目録が現代の表書きになったのです。急に贈り物が必要になったときや、持参することができない大きな物を贈るときは、先に目録を贈り、自分の気持ちを伝えることができます。

目録用紙の作り方

1

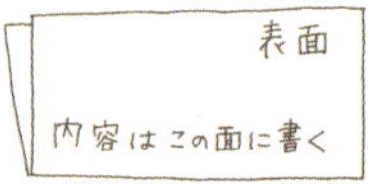

折り目が下にくるように、二等分に折る。

2

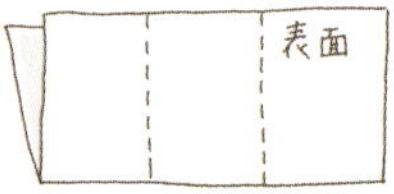

横に三等分する。

3

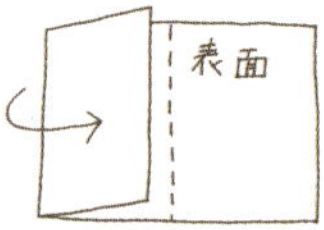

左側を折る。

4

右側を折る。

目録の書き方

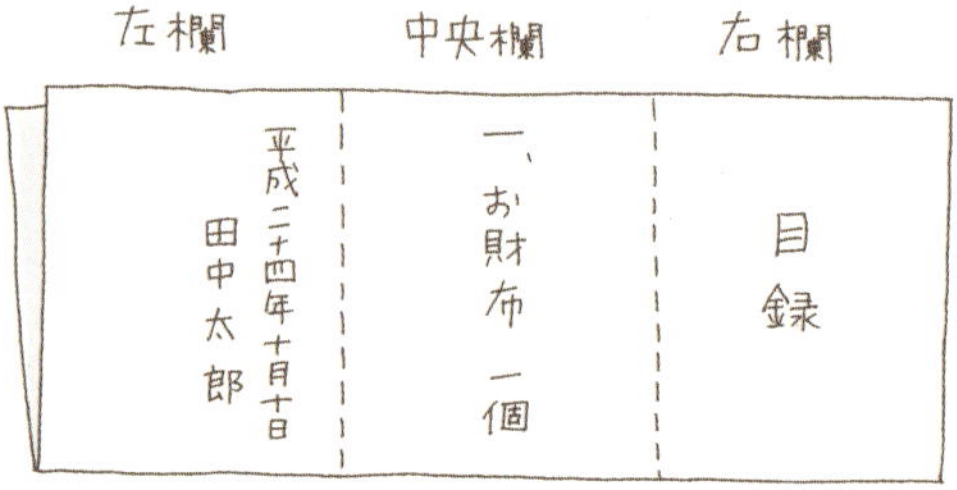

右欄
右欄中央に表題となる「目録」と書く。

中央欄
中央に品物と数量を書く。

左欄
贈呈する日付を和暦と漢数字で書く。贈呈主の名前を書く。

目録の外包みの作り方

1

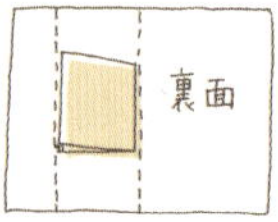

中央で二つ折りにして折り目をつけ、折り目に目録用紙の右端がくるように置く。

2

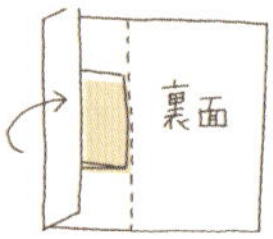

目録用紙を包むように、外包みの紙の左側を折りかぶせる。

3

今度は右側から目録用紙を折りかぶせる。

4

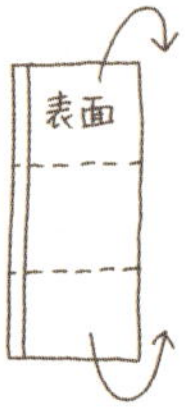

上下の部分も折りかぶせる。上下が重なる場合は、下側が上にくるようにする。

5

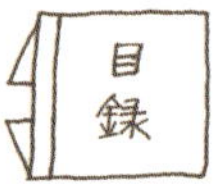

「目録」と書いて完成。必ず、目録に書いた品物を贈ること。

第2章

冠婚葬祭の贈り物

間違えた贈り方をすると相手にたいへん失礼にあたり、
不快な思いをさせてしまいます。
冠婚葬祭では、特にマナーに気をつけたいものです。

しきたり

のしと水引の決まりごと

祝儀、不祝儀を渡す際に、特にマナーを間違えてはいけないのがのしと水引です。種類がたくさんあってよくわからないと、若い方は敬遠しがちですが、本来ののしと水引の意味を理解できれば意外に簡単に覚えられます。結び方や色、形の意味を知ると昔からのしきたりにも親近感がわいてきます。贈るときの相手を思う気持ちは今も昔も変わりません。

形式的なものとして覚えるのではなく、一つ一つのしきたりに贈る側の気持ちがこめられていることを知って、マナーを覚えましょう。そうすれば贈る目的や相手に応じて選ぶことも難しくはありません。

Check!

のしと水引の基礎知識

その本来の意味を知っておくと祝儀、
不祝儀の種類で間違うこともありません。

□のし

のしとは「のしあわび」の意味です。現在ののしは紙で代用したものになっていますが、昔は不祝儀と区別するためにお酒と薄く伸ばした海産物のあわびをつけていました。そのため不祝儀にはつけません。また、肉や魚などのなま物にもつけません。

□水引

贈答品に奉書をかけて結びとめるためのものです。現在の水引ができる前には、細い赤の帯状の紙が使われていました。

表書き

贈る目的を示します。水引の結び目の上に、楷書で丁寧に書きます。

姓名

水引の結び目の下に、表書きよりも小さめにフルネームを書きます。

のしの種類

のしには「折りのし」とのしを印刷した「のし」があります。
正式には折りのしを使いますが、簡単な贈り物やポチ袋などの略式のときは
印刷したのし紙タイプを使ってもよいでしょう。結婚式には必ず「真」を使います。

折りのし

真《しん》

目上の人への贈り物、
結婚式の贈り物に。

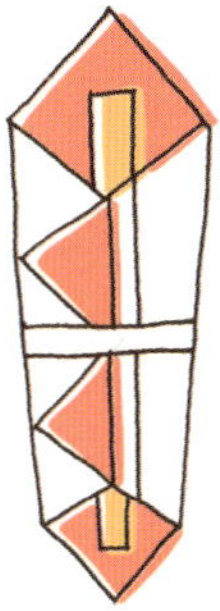

行《ぎょう》

目上の人や
同僚への贈り物に。

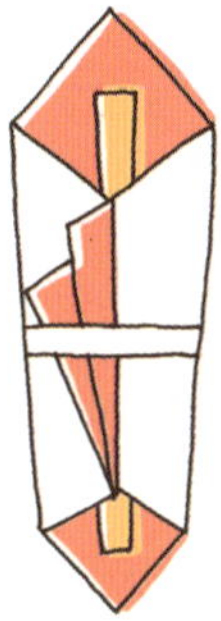

草《そう》

友人など親しい間柄
の人への贈り物に。

蝶花形《ちょうはながた》

目上の人から友人ま
で幅広く使えます。

印刷のし

松葉のし

結松をかたどったもの。

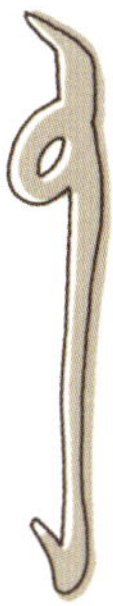

文字のし

ひらがなの「のし」を
かたどったもの。

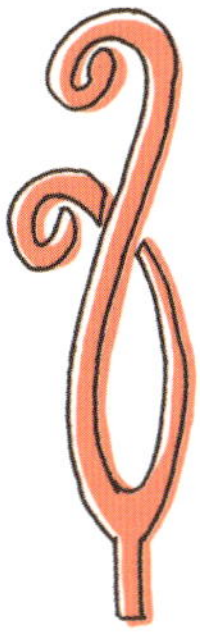

わらびのし

わらびをかたどったもの。

水引の種類【祝儀】

お祝いごとの水引の数は５本、７本、９本と奇数にするのが習わしです。
祝儀では赤白、金銀、金赤の水引を使います。

結びのいろいろ

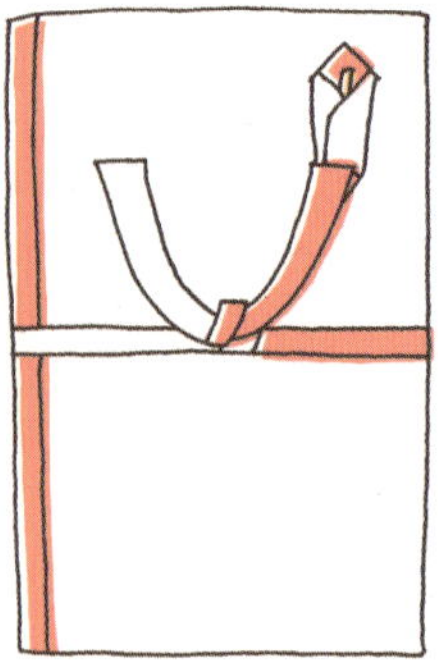

結び切り・結び留め

結婚などおめでたいことでも再度繰り返して欲しくないことに。

蝶結び

簡単にほどいて結び直せる蝶結びは出産など何度も繰り返して欲しいお祝いごとに。

POINT

水引がつけられた贈り物は心をこめて結ぶことを表し、「不浄なものではありません」という証になります。

あわじ結び

結び切りの仲間で不祝儀にも使います。

老いの波

目じりの小じわを表現した水引です。小じわのできるまで添い遂げてくださいという意味があります。

輪結び
（日の出結び）

これも結び切りの仲間で、「切り」を嫌い婚礼用に使用したりします。

水引の種類【不祝儀】

弔事の贈答品には2本、4本、6本と偶数にするのが習わしですが、最近では奇数のものも市販されています。色は黒白、白銀、双銀、双白、青白、黄白を使います。包む金額に関係なくきちんとした袋を使うのがマナーです。

結びのいろいろ

結び切り

「繰り返したくない」というときに使います。

あわじ結び

結び切りと同じように使います。

POINT
結び切りとあわじ結びは、水引の色で慶弔を使い分けます。また、両端を持って引っ張るとさらに強く結ばれることから、「末永く付き合う」という意味でも、慶事・仏事（布施）に用いられます。

Manner up!

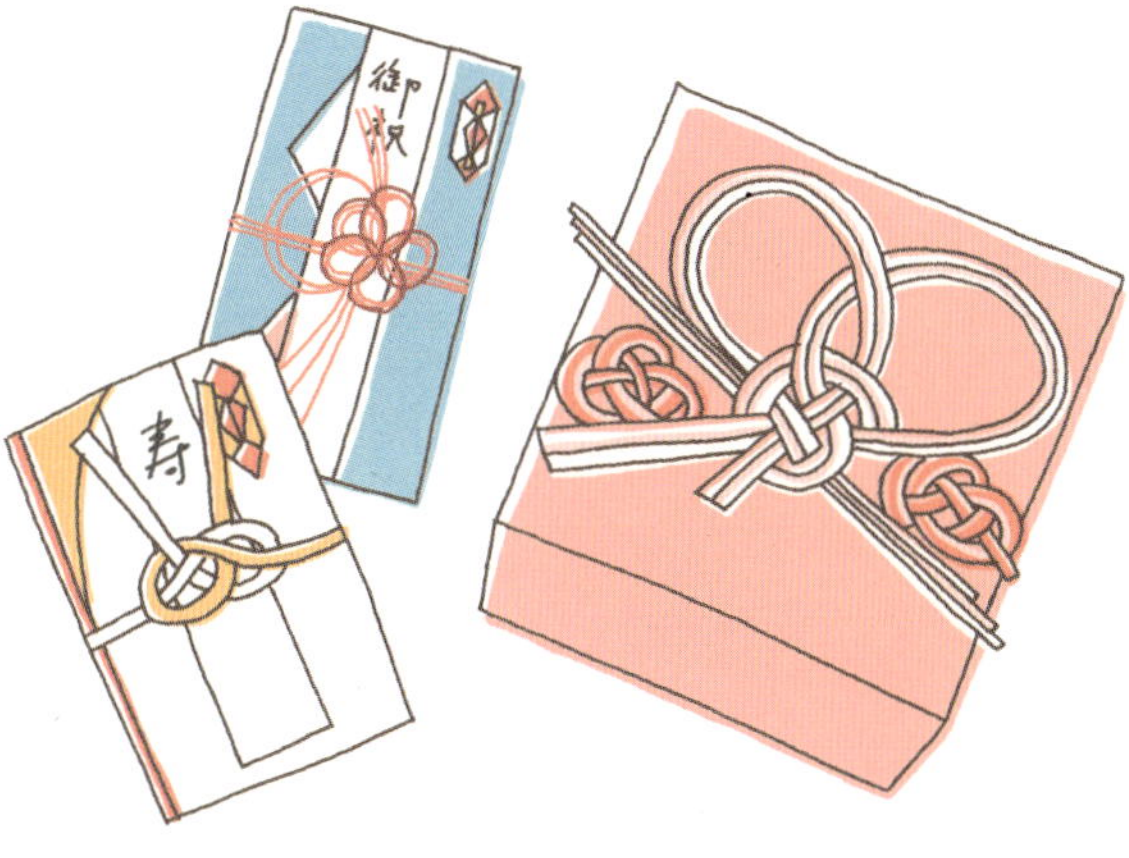

水引とは？

水引はもともと贈答品を包んだ奉書をとめたものです。つまりは和風のリボンといってもいいでしょう。
下町の紙屋さんや文具店に飾り水引を手作りできるものが売っていますので、贈り物に使ってみると粋なプレゼントになります。

しきたり

祝儀袋・不祝儀袋のしきたり

贈り物には贈る目的（表書き）と贈り主の名前を明記することが決まりです。これは、贈る品物に添えた目録がルーツです。目録には品物の内容や数量、氏名を書いていましたが、やがて目録は省略されて、品物の包みに直接書くようになりました。さらに現在では贈る趣旨を書くようになりました。

表書きにも贈る相手や場面にふさわしい決まりや書き方がありますので、きちんと覚えましょう。また、あらたまった贈り物をするときは避けたほうが無難ですが、表書きに「ありがとう」など、気持ちをストレートに表現する言葉を書くことも。母の日などには、形式的なものより喜ばれます。

Check!

表書きの基本

□書く位置

表書きは水引の上側にバランスよく書きます。贈り主の氏名は下側に表書きより少し小さめに書きます。

□筆記具

表書きは墨をつけて筆で書くのがマナーです。毛筆か筆ペンを使って書きます。万年筆やボールペン、フェルトペンなどは避けましょう。

□インクの濃さ

祝儀のときは墨の色を濃く鮮やかに書きましょう。不祝儀のときは「悲しみの涙で墨がにじむ」という意味から薄墨で書くのが一般的です。

祝儀袋

不祝儀袋

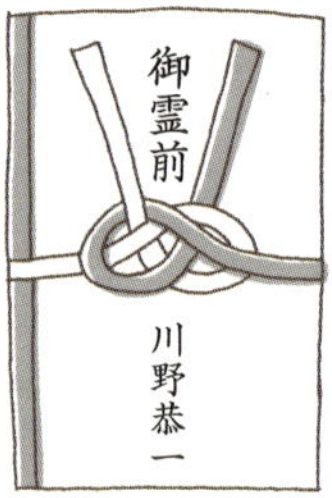

表書きの書き方

夫婦連名の場合

夫はフルネームで、妻は名前だけを夫の位置にそろえて書きます。

宛名を書く場合

宛名（先方の名前）は左上に書きます。

連名の場合

目上の人から順に右から書きます。宛名を入れたときは逆になります。

４名以上の連名

代表者の氏名と左下に小さく「外一同」と書き、別紙に全員の名前を書いて中包みに入れます。

社名を入れる

氏名の右肩に社名を小さめに書き添えます。

短冊

表書きが書きづらいときは短冊に書いて、水引に挟みます。

きれいに書く Point

表書きが「御祝」のように字数が少ない場合は、字と字の間をあけて均等に配置します。また、名前の下は一文字程度の余白をとるとよいでしょう。連名で書くときは、天地をそろえて書くときれいにみえます。

中包みの書き方

中包みには包んだ金額と贈り主の住所と氏名を書きます。
弔事の場合は特に故人の遺族が贈り主のことを知っているとは限りませんので、
郵便番号も含めてきちんと書くことがマナーです。

表側

中央に金額を書きます。ただし、市販のもので金額の記入欄がある場合はそこに書きます。算用数字ではなく、漢字を用いましょう。表書き同様慶事は濃く、弔事は薄く書きます。

裏側

住所と氏名を書きます。こちらも記入欄があればそこに書きます。結婚式の場合は、挙式をする側が招待客を把握しているので省いてもかまいません。

金額の書き方

金額は漢数字で書きます。表記は正式でも略式でもかまいません。

中包み

裏

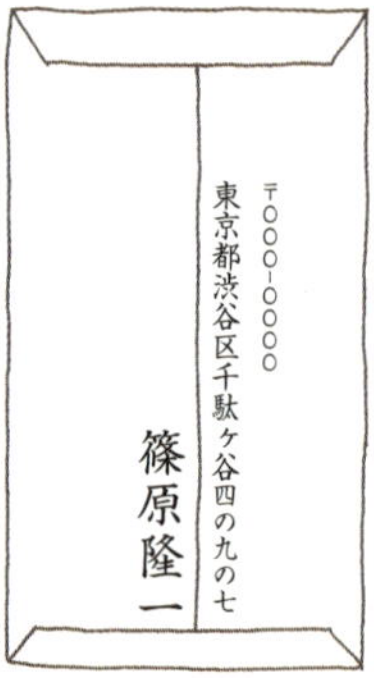

お金の入れ方

のし袋に入れる現金は、封筒に入れるか中包みに包みます。市販ののし袋で中包みがついていないときは、半紙か奉書紙で包むと丁寧です。

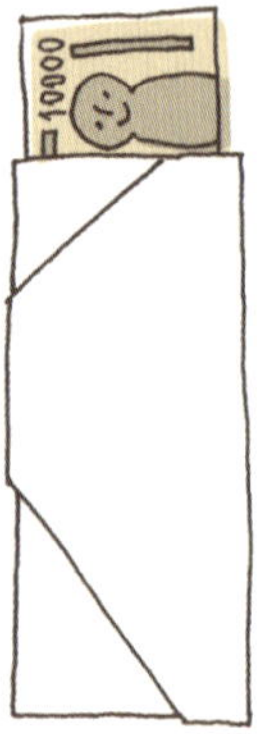

正式	略式
金　伍阡圓	金　五千円
金　壱萬圓	金　一万円
金　弐萬圓	金　二万円
金　参萬圓	金　三万円
金　伍萬圓	金　五万円
金　拾萬圓	金　十万円

漢数字

一 — 壱
二 — 弐
三 — 参
五 — 伍
十 — 拾
千 — 阡
万 — 萬

POINT

中包みを上包みから外すときは、水引をかけたまま上包みの下から引き抜きます。水引は一度外すとかけ直すのが難しいので、お金を入れて金額や氏名を記入したらそのまま下側から入れて戻すと袋がよれたりしません。

ヒント

袋の選び方

祝儀のときは包む金額に合わせて袋を選びましょう。金額が少ないのにあまり豪華な袋に入れるのは相手に余計な期待をさせてしまいます。

目安

5千〜1万円	印刷タイプ
2万〜3万円	のし・水引がついたタイプ
5万円以上	豪華な飾りがついたタイプ

※祝儀のときは包む金額に合わせて袋を選びましょう。水引とのしがついたものを使うことが正式の体裁ですが、5千円から1万円程度の金額なら略式の印刷タイプを使ってもかまいません。

中包みの折り方

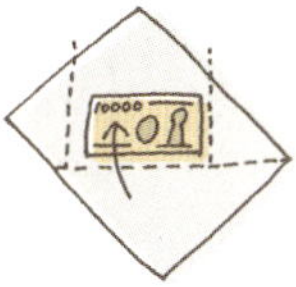

1 お札を表にして慶事は中央、弔事はやや右寄りに置き、奉書紙を下から折る。

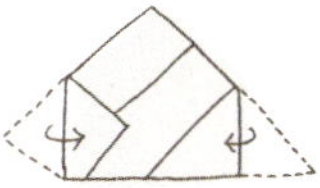

2 左、右の順で折り曲げる。

3 下から上へ折る。

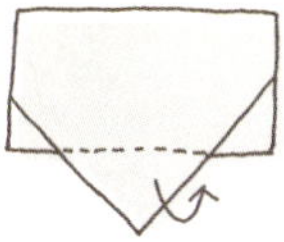

4 余った部分を裏に折る。

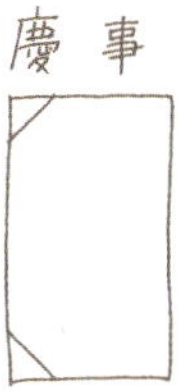

慶事
三角が左上下にくるように使います。

弔辞
三角が左下にくるように使います。

上包みの折り方

1 奉書紙の中央に中包みを置く。
2 中包みの幅を目安に、左側を折る。
3 左端が少しずれるように、右側を折る。
4 中包みの長さを目安に上下を折る。

慶事
慶事の場合は下側が上になるように。

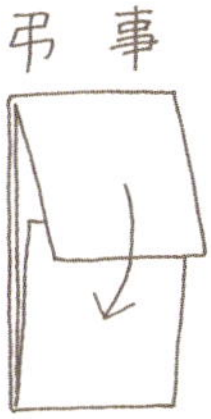

弔事
弔事の場合は、上側が上になるように。

Manner up!

新札を用意しましょう

現金を贈る場合は新札を用意しましょう。弔事のときは事前に用意していたようで失礼という考え方がありますが、最近は簡単に新札が用意できるので古いお札を贈るより、清潔なものを差し上げる意味で新札を贈るほうをおすすめします。どうしても気になるようでしたら、一度折ってから使いましょう。

しきたり

ふくさの包み方と心得

祝儀袋や不祝儀袋を直接カバンに入れて持ち歩くと、角が折れ曲がったりしてしまいます。きれいに先方に渡すためにもふくさに包んで持参するのがマナーです。

ふくさとは金包袋を包む小さめのふろしきのことで、ふくさの色を変えることで慶弔の使い分けをします。また、ふくさの包み方も慶弔では違ってきますので、きちんと覚えておきましょう。

最近ではふくさのオリジナルデザインや家紋を入れたサービスを、百貨店やインターネットで行っているお店もあります。祝儀用、不祝儀用、また色によっては兼用で使えるものもありますので一つ用意しておくと便利です。

ふくさの種類

ふくさ（小ふろしき）

昔ながらの金封を包むための正方形の布。

金封ふくさ

袋を挟みこめるようにした札入れ状のふくさ。使用後二つに折りたたんでしまえます。

台付ふくさ

袋をのせる台がついたふくさです。台の表裏の色を変えることで慶弔両方に使えるものもあります。

ふくさがないときの対処法

急にふくさが必要になったときは、小さなふろしきや絹のスカーフなどで代用できます。

ふくさの使い分けと包み方

使い分け

祝儀用
明るい色のもの。赤色、朱色、えんじ色、赤染め模様や刺しゅう入りのものなど。

不祝儀用
暗めの色のもの。黒色、グレー、藍（青）色など。

両方に使える色
紫色。

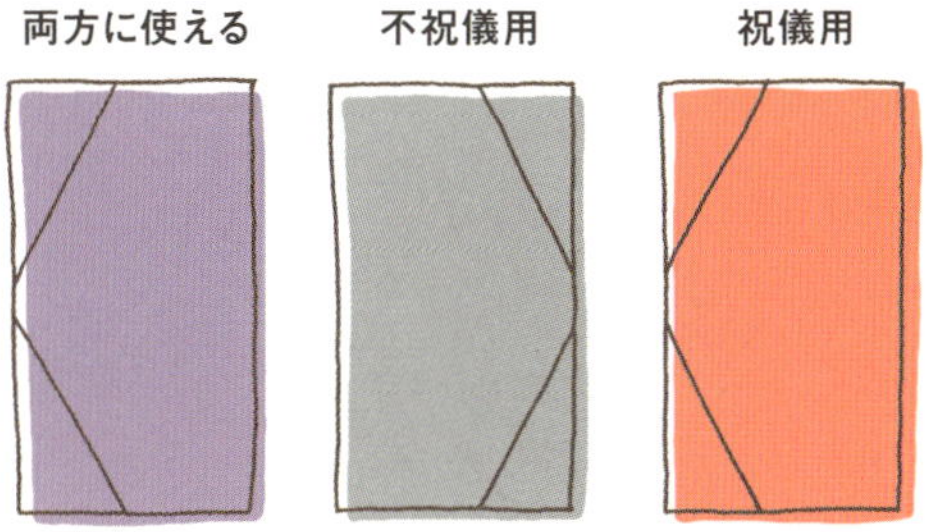

包み方

ふくさは結ばず包むのが基本です。また、慶事と弔事では包み方が逆になります。きちんと覚えておきましょう。

慶事

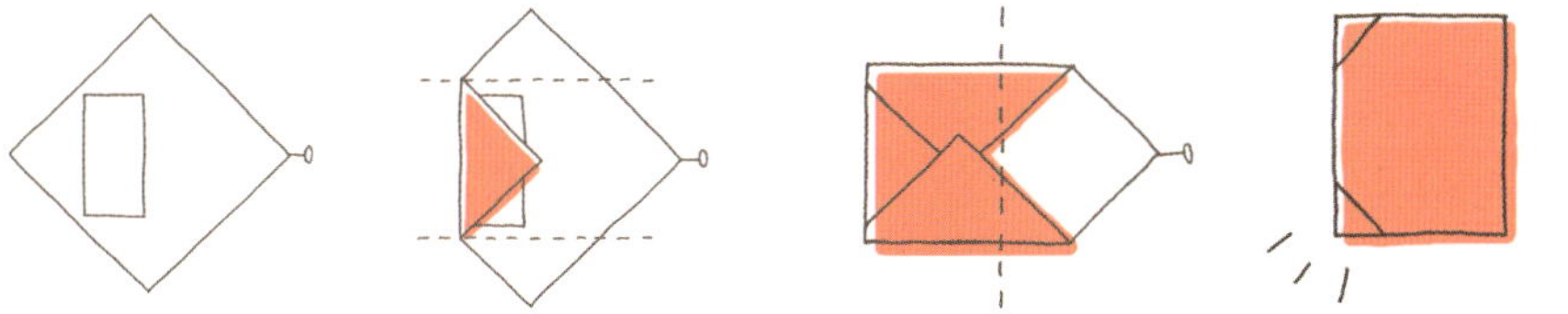

1. ふくさについているツメを右側に、袋を真ん中よりやや左に置く。
2. 袋の左側を折る。
3. 上側を折ってから下側を折る。
4. 右側を折り、ツメをとめる。

弔事

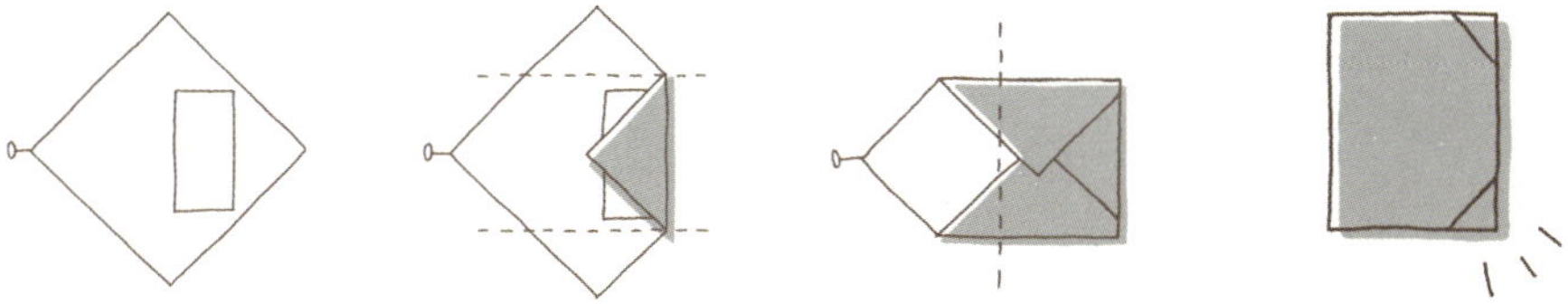

1. ふくさについているツメを左側に、袋を真ん中より少し右に置く。
2. 袋の右側を折る。
3. 下側を折ってから上側を折る。
4. 左側を折り、ツメをとめる。

受付でのふくさの渡し方

披露宴や、葬式での、ふくさの渡し方にもマナーがあります。
どの場合も受付の人を贈る相手だと思って
きちんとお祝いやお悔やみの言葉を述べましょう。

祝儀のとき

1. 一礼した後、受付台の上でふくさを広げる。
2. 袋を取り出しふくさをたたむ。
3. お祝いの言葉を忘れずに述べて、ふくさの上に袋をのせて両手で相手に差し出す。

POINT ふくさの上に表書きが自分に向くよう袋をのせ、ふくさごと回転させ相手に差し出します。

不祝儀のとき

1. 祝儀同様に一礼してふくさを広げる。
2. 袋を取り出しふくさをたたみ、その上に袋を置く。
3. 「ご霊前にお供えください」など一言述べて相手に向けて渡す。

POINT ふくさごと渡すと相手に返す気遣いをさせてしまうので、ふくさを台代わりにして、袋だけをとってもらいます。

ふろしきの包み方

贈り物を持参する場合はふろしきに包むのが本来のマナーです。
昨今では購入したところの紙袋などでも失礼にはあたりませんが、
贈答用に少し上質なふろしきを一枚用意しておくと重宝します。

平包み

かしこまった場所へ出かけるときに使うふろしきの正式な包み方。
結び目を作らない点が特徴です。

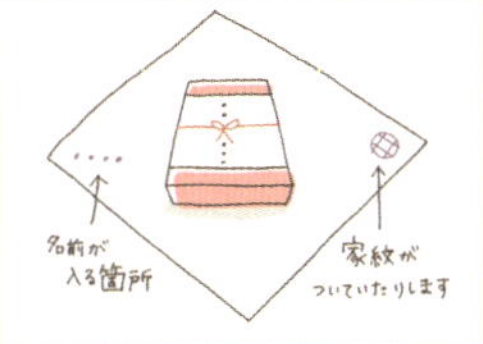

1 ふろしきの角を手前にしておき、品物を中央に置く。

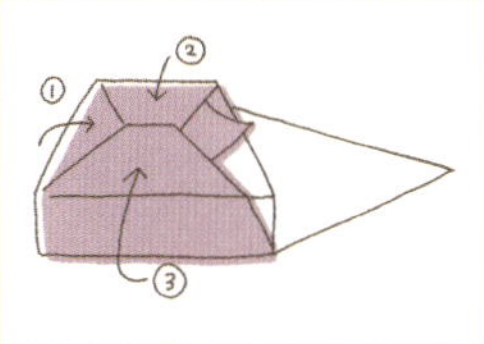

2 番号の順に折りたたむ。

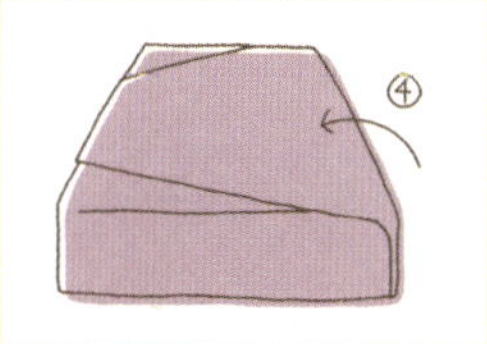

3 右側の部分をかぶせ、余った部分を下に折り込む。

お使い包み

一般的な結び目を作るふろしきの包み方。

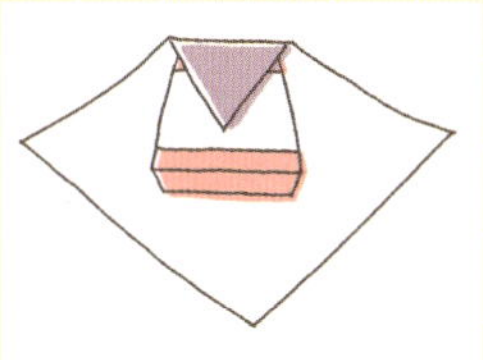

1 中央に品物を置き、ふろしきの上下を折り込む。

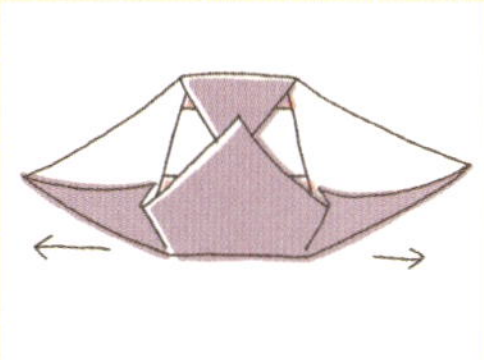

2 左右から軽く引っ張りたるみをとる。

3 全体を整えてから、左右の角を結ぶ。

びん包み

日本酒やワインのびんをそのまま包むときに使われます。

1 中央にびんを置き、びんの上で二つの角を結ぶ。

2 残った二つの角を交差させる。

3 びんを反対に回して結ぶ。

結婚

結婚祝いを贈る

結婚のお祝い金は本来、お祝いの言葉とともに挙式の一週間前くらいまでに手渡すのがマナーでした。しかし挙式の前は、先方にとっては準備で一番忙しい時期なので、郵便書留か職場で渡します。披露宴に招待されている人は当日に持参することが今では一般的ですが、できたら早めに渡します。

披露宴に招待されていない人が贈る場合は、挙式の一週間前までに直接届けるか、郵送するようにしましょう。お祝い金を郵送するときは、お金を入れた祝儀袋を現金書留に入れて送ります。お祝いの言葉と「本来なら持参するところを」と断りを添えた手紙を同封しましょう。

お祝い金の目安と渡し方

お祝い金の目安

自分のできる範囲でかまいませんが、昔から月収の5%といわれています。平均的には2万〜3万円で、新郎新婦に近いほど高額になります。夫婦で招待されたときは二人分を。食事ができる子どもも招かれた場合は少し上乗せしましょう。

渡し方

受付でお祝いの言葉を述べ、祝儀袋をふくさから出して渡します。事前にお祝いを渡している場合は、その旨を伝えれば大丈夫です。

お札の枚数

慶事のときのお祝い金は、割り切れる枚数は縁起がよくないため奇数で贈るのがマナーです。ただし、結婚の場合はペアを意味する2万円や10万円はOK。奇数でも9は「苦」を連想させるのでNGです。

金額の目安

友人・知人	2万〜3万円
会社の同僚・先輩	2万〜3万円
甥・姪	5万〜10万円
そのほかの親族	3万〜5万円
兄弟・姉妹	5万〜10万円

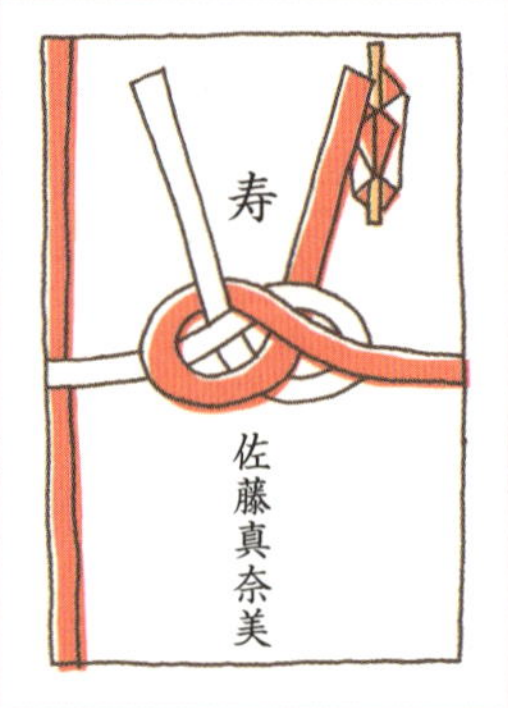

婚礼の御祝儀袋は、「一度きり」という思いをこめて、水引は結び切り。色は赤白、金銀、金赤が一般的です。鶴や亀などを模した華やかなものもあります。のしをつけ、表書きは濃墨ではっきりと書きます。

結婚祝いを贈る

披露宴に出席する場合

お祝い金と品物の両方を贈るのは、両親や兄弟、姉妹が一般的です。友人ならお祝い金、もしくは同額の品物を贈ります。

会費制の披露宴の場合

会費がお祝い金となりますので、原則としてお祝い金や品物を贈る必要はありません。

披露宴に出席しない場合

披露宴に招待されていなかったり、出席できなかったりした場合は、品物を届けるか託送します。金額は出席時の半額が一般的。直前に出席できなくなったときは出席時と同じ金額がマナーです。

Manner up!

披露宴に出席するとき

時間に余裕を持って会場に入り、必要なもの以外の手荷物はクロークに預けます。受付で、お祝いの言葉を述べてから芳名帳に記帳します。

祝い品選びのコツ

金額の目安は、披露宴に出席する場合はお祝い金と同様の２万〜３万円、
出席しない場合は５千〜１万円が目安になります。
また、予算の金額を現金と品物に分けて贈ることもあります。

友人たちと連名で

高額な品物を贈りたいときは、友人たちと連名で贈りましょう。お金を出し合えば一人で贈るより選べる品物の幅も広がります。

家具や家電を贈るとき

家具や家電などを贈るときは、ほかの方からの贈り物や購入済みのものと重ならないように、事前に相手の希望を聞いておきましょう。

本人たちが買わないものを

新婚生活はなにかとお金がかかります。海外メーカーのエスプレッソマシーンなど、自分たちでは買わないけれど実用性が高くて高級なものならとても喜ばれます。

POINT 親しい間柄なら予算も伝えた上で、本人たちに欲しいものを聞くのもマナー違反ではありません。

喜ばれる祝い品

旅行券

披露宴を挙げずに、節約するカップルも多くいます。新婚旅行を控えていることがわかったら、旅行券を。

高価な実用品

多層のステンレスや、鋳型ホーローの高級鍋が人気。台所のコンロがガスか電気かを聞いておきましょう。

時計

部屋に何個あってもいい時計。インテリアショップなどに置いてあるセンスを感じさせるものを選びましょう。

ワイン

お酒が好きな相手なら、二人の生まれ年に生産されたものや、普段は手が出せないような少し高額のものを。

Manner up!

贈るタイミング

祝い品は披露宴当日に持参することは相手に迷惑です。親しい間柄で事前に結婚を知っていても、招待状が届いてから、式の一週間前までに贈りましょう。結婚を知らなかった場合は披露宴後に贈っても失礼になりません。

Column

披露宴に出席できない場合は祝電を

披露宴を欠席する場合は、祝電でお祝いを述べましょう。
祝電は電話で申し込む（局番なしの115番）ほかにも、
ファックスやインターネットから申し込むことができます。

受付

配達日の一か月前から前日まで受け付けてくれます。ただし当日の場合は受付後３～４時間後の配達になるので気をつけましょう。遅くとも披露宴の始まる２～３時間前には届くようにしましょう。

インターネットサービス

NTT 東日本　D-MAIL
http://www.ntt-east.co.jp/dmail/

NTT 西日本　D-MAIL
http://dmail.denpo-west.ne.jp/

KDDI　でんぽっぽ
http://www.denpoppo.com/

祝電の内容

祝電のメッセージの内容はＮＴＴの例文を使用してもよいのですが、自分の言葉が一番。文字数と電報の種類で金額が決まるので確認しましょう。自分の言葉で祝意を伝えるときは、忌み言葉に気をつけて、くだけすぎないようにしましょう。

Manner up!

祝い品のタブー

現在ではあまり気にする人も少なくなりましたが、ハサミ・包丁は「縁を切る」という意味合いから、ガラス製品や陶器などは「壊れる」という意味合いから、縁起をかつぐ人には嫌われます。希望されない限りは、贈るのを避けましょう。

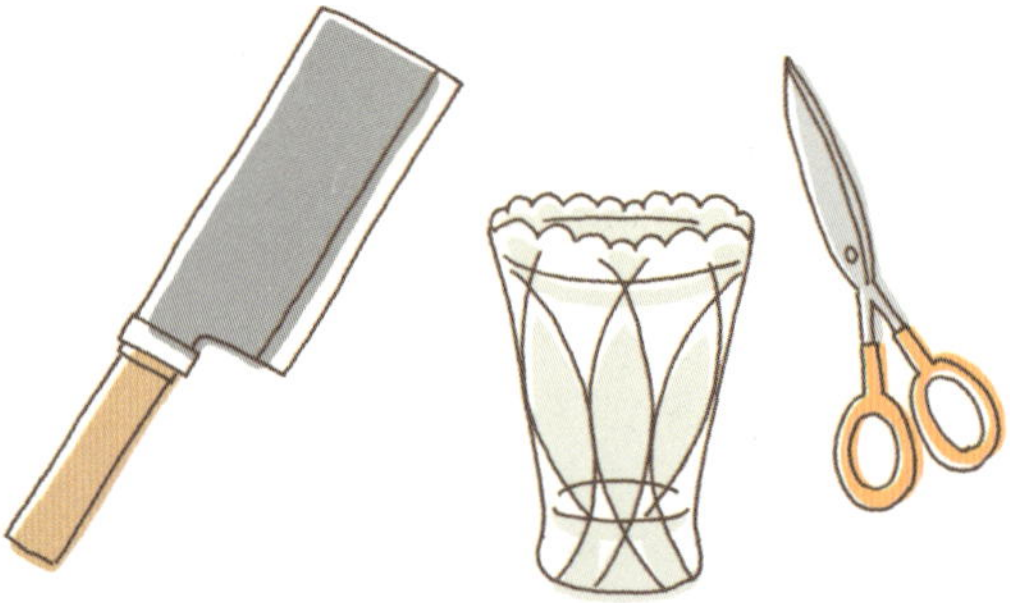

結婚祝いのQ&A

Q 連名で結婚祝いをいただいたら?

A 連名のお祝いは、個別にお礼状とお返しの品を贈ります。送り状に「お返しのご心配は無用に……」とあった場合は、礼状だけでもかまいません。

Q 遠方の方を招待するときに気をつけることは?

A 遠方の方をどうしても招待したい場合は、その手配とかかる交通費、宿泊費は主催者が負担するのが一般的です。交通費は実費に多少上乗せし、キリのいい額を「御車代」として渡すとよいでしょう。また、先方には招待状にその旨をきちんと明記して伝えておくのがマナーです。

Q 結婚式の招待状を送った後に婚約を解消した場合は?

A 婚約を解消した場合は、結婚式に招待している人へすぐ知らせ、婚約解消通知を出します。仲人などお世話になっている方には直接出向いて理由を説明してお詫びします。お祝いをいただいている方には、少し上乗せした現金や品物を「謹謝」とした表書きで、赤白の結び切りでお返しします。

Q ご高齢の方を招待するときに気をつけることは?

A 慣れない場所に来ていただくのですから、ハイヤーなどの車の手配を主催者側で用意しておきましょう。また当日は出席者のなかからどなたかにアテンドをお願いしておきましょう。

Q 結婚式後にはじめて結婚したことを知った。お祝いを贈ったほうがよい?

A 結婚報告がはがきなどで送られてきた場合、必ずお祝いを贈る必要はありません。手紙などでお祝いの気持ちを伝えましょう。お祝いを贈る場合は現金を避け、相手が負担にならない程度のものを贈ります。

結婚

引き出物を贈る

引き出物は、主催者である新郎新婦と両家の親が贈ります。一般的に引き出物は世帯ごとに当日贈りますが、ご夫婦で招待した場合は、それぞれに違うものを贈ったり、色違いのものを贈ったりして工夫することも多いようです。また、最近では「記念品」と「引き菓子」の引き出物と、お見送りの際に新郎新婦から手渡しで贈られる「プチギフト」の3品を贈るのが一般的です。しかし、地域で風習が異なるのでそれに従いましょう。持ち帰る人のことを考えて、あまり重たいものやかさばるものは避けたほうが無難です。新郎新婦の名前入りなども不評なのでやめたほうがよいでしょう。

贈り方と金額の目安

引き出物は、贈る相手によって品物や金額を変える「贈り分け」が主流になっています。この場合、外見から内容の差がわからないように、同じサイズの紙袋で目立たない印をつけるなどの工夫が必要になります。用意した引き出物では見合わないほどご祝儀を包んでいただいた場合には、後日あらためてお礼をしましょう。

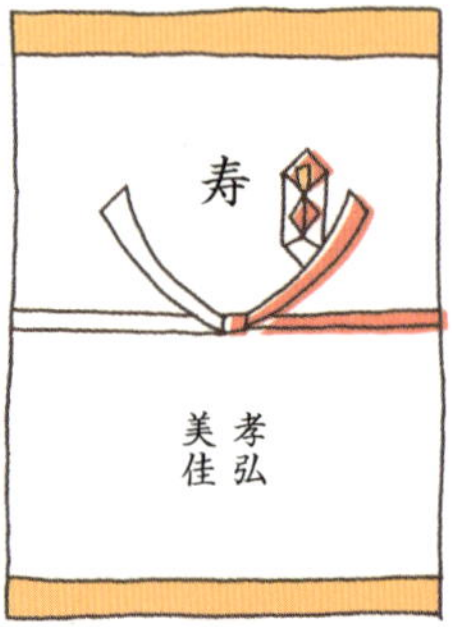

水引は赤白の結び切り。のしをつけます。ただし、鰹節やハムなどのなま物やお酒を贈るときはのしをつけません。一般的な表書きは「寿」。両家の姓か新郎新婦の名を書きます。

金額の目安

披露宴の料理費用の３～４割が目安で、３千円から５千円が多いようです。また地域差があるので一概にはいえませんが、品数を２～３品にする場合は、記念品と千円程度の引き菓子や鰹節などの食品を加えます。プチギフトは百～３百円程度の一口サイズのお菓子やジャム、お箸などが人気です。

持ち込み料

引き出物は式場の用意したリストの中から選ぶのが一般的で、外部から持ち込む場合には持ち込み料を請求されるケースがあります。相場は1品３百円程度ですが、数が多くなればそれなりの金額になります。

喜ばれる引き出物

食器・グラス類

いくつあっても困らず、持っているものと重なる心配が少ないのが人気の理由です。

インテリア用品

時計や写真立てなど二人のセンスを感じさせて、かさばらないものが人気です。

カタログタイプ

持ち帰る荷物にならない上、先方の好きなものを選べるので喜ばれます。

POINT

カタログギフトはかさばらないメリットもありますが、「引き出物らしくない」という方もいますし、商品の値段に加えてカタログ代金と送料が含まれるため割高になるデメリットもあります。ほかの引き出物と比べてよく吟味しましょう。

オリジナリティを出したい人は

ニューヨーク近代美術館「MoMA」のウェディングギフトは、世界中から集められたグッドデザインの商品をMoMAオリジナルラッピングでインターネットから購入できます。人とはちょっと差をつけたい方におすすめです。
http://www.momastore.jp/wedding/

結婚

関係者へのお礼

挙式と披露宴では多くの人のお世話になります。感謝の気持ちと、自分たちの幸せのお裾わけをする意味で、「心づけ」としてご祝儀を包みます。心づけはあくまで気持ちの問題で、絶対に必要なものではありません。

渡す人は、媒酌人や美容師や着付け係、介添人、会場スタッフ、カメラマンが一般的です。友人に受付や司会などをお願いした場合も渡します。祝儀袋は略式のものやポチ袋でかまいませんが、必ず新札を用意します。予定外の人にお世話になることも考えられるので、多めに用意しておくと安心です。当日、新郎新婦は忙しいので両親や兄弟姉妹が渡すようにしましょう。

媒酌人へのお礼と渡し方

媒酌人は挙式の証人であり、披露宴の席上で結婚の報告をする役目をお願いする大切な方です。最近では媒酌人を立てないこともありますが、媒酌人を立てた場合はお礼のあいさつをするときに謝礼を渡します。

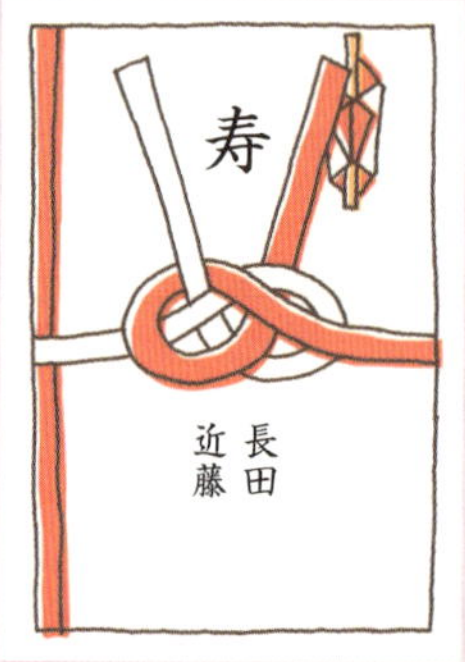

祝儀袋・表書き

水引は金銀・赤白の結び切りで、のしをつける。表書きは、「御礼」「寿」。

渡すタイミング

挙式の２～３日後か、披露宴が終わった後に渡します。

金額の目安

結納のみ・挙式のみの場合

結納金の1～1.5割が目安です。そのほかにお車代と食事を出せば不要ですが、酒肴料2万円を目安にお礼をします。

結納から挙式までの場合

結納金の２割（15万～30万円）が目安といわれています。

交通費

式場までの交通費をお車代として渡します。近い場合は実費の３倍、遠方の場合は1.5倍を目安にして、キリのよい金額を包みます。

お世話になった人へのお礼

プロの方にはギャランティとは別に用意します。
友人や知人に現金を贈ることに抵抗があるときは、ギフト券や品物を贈りましょう。

水引・表書き

水引は赤白の結び切りで、のしをつけます。式場関係者には略式の祝儀袋。表書きは「寿」「御礼」「御祝儀」。

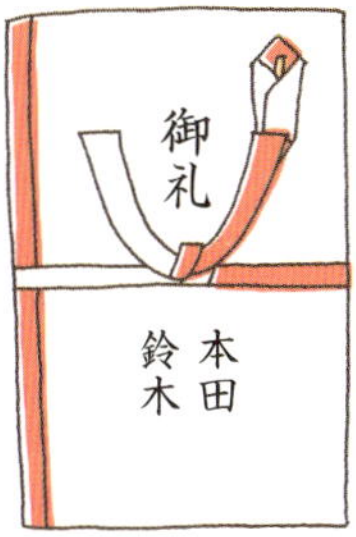

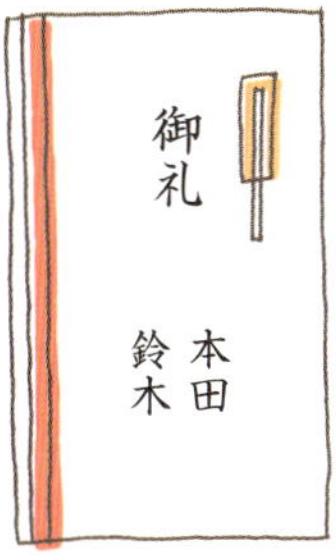

タイミング

着付けや式場スタッフ、プロの司会やカメラマンは、挙式や披露宴の前に。友人や知人は、披露宴後に渡します。

金額の目安

会場のスタッフ

一人千円前後をまとめて責任者の方へ渡します。

司会者

友人の場合は1万～３万円前後、プロの場合はギャランティとは別に５千円ぐらいを目安に渡します。

カメラマン

友人なら１万～３万円前後、プロならギャランティとは別に３千円程度を。駐車場代などは別途忘れずに渡しましょう。

音楽演奏者

友人なら３千～１万円前後、プロならギャランティとは別に３千円ぐらいを目安に。

受付係

新郎新婦それぞれが１名ずつお願いしたときは５千円程度を目安に。

運転手

会場までのハイヤーを手配した場合、運賃とは別に３千円程度を目安に。

着付け・メイク・介添人

目安は３千円程度、お色直しの回数によって金額は変えましょう。複数いる場合は人数分を代表者に渡します。

結婚

結婚後のあいさつと内祝い

新居を構えたら、ご近所付き合いが大切です。夫婦共働きであれば留守がちな家の様子をみてくれたり、ゴミ出しのルールなど日常生活で教わることは多くあることでしょう。長くお付き合いすることも考えて、ごあいさつはきちんとしておきましょう。あいさつは、新居へ移った当日に夫婦そろって伺います。あまり高額なものは相手への負担になりますので簡単な品を用意して伺いましょう。夫または妻の両親と同居する場合は、新しい家族を紹介するという意味で、義父母と一緒か、二人であいさつに回ります。かけ紙の表書きの下には新しく同居する人の名前だけを書くのが一般的です。

結婚後の近所へのあいさつのマナー

水引・かけ紙

水引は赤白の結び切り。表書きは「寿」、下は姓だけでかまいません。

タイミング

新居に移ったその日にごあいさつに行くのが基本ですが、都合がつかないときは、遅くとも翌日にはあいさつに行きましょう。早朝や夜遅く、食事時は避けるのがマナーです。

あいさつの品物

５百～千円程度のせっけんや洗剤、タオルなどのあって困らない日用品がおすすめです。

あいさつする範囲

基本は、向こう三軒両隣と裏の家です。マンションなどの場合は、両隣と上下階、管理人さんと自治会長には最低限あいさつをしておきましょう。

集合住宅

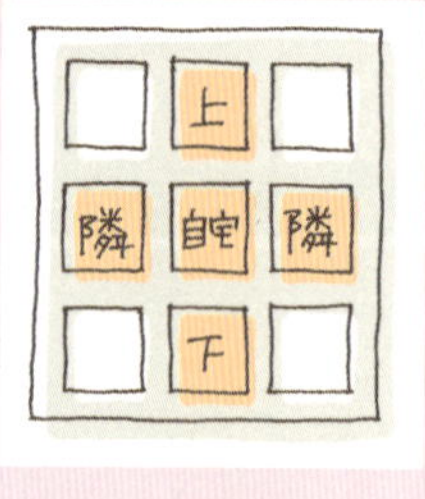

一戸建て

新婚旅行のおみやげ

新婚旅行のおみやげは、両親や媒酌人、お世話になった人に対して贈ります。
出かける前に、渡す人のリストを作っておくと買い忘れることがありません。

両親へ

両方の母親へはアクセサリー、父親へはポロシャツやセーターなど。

職場の上司へ

長期の休暇をいただいたお礼もこめてお酒などを職場用とは別に用意します。

媒酌人へ

２万円程度が相場です。洋酒や皮製品が人気です。

友人・同僚へ

２千～３千円が目安です。同僚などの人数が多い場合は、個別包装された品物なら便利です。

Manner up!

内祝いを贈る

お祝いをいただきながら、披露宴に招待できなかった人や、欠席した人へは内祝いをお返ししましょう。目上の人や親族にはお祝い金の３分の１程度、それ以外は半額を目安に贈りましょう。二人の連名で水引は紅白の結び切り、表書きは「内祝」や「寿」にします。

郵送する場合

お礼と感謝の気持ちを書いた礼状を添えましょう。デパートなどから直接配送する場合は別に礼状を送りましょう。

子どものお祝い

出産祝いを贈る

出産祝いは、健やかに育って欲しいという気持ちをこめて金品を、生後一週間から一か月の間に贈りましょう。出産を知らずに後から贈ることになったときは、初節句や一歳の誕生日などの節目の日に贈るようにします。

出産直後に必要な産着などは自分たちでそろえていることが多いので避けましょう。少し上質でおしゃれなお出かけ用のベビー服やオムツなどの消耗品などが喜ばれるようです。第1子の場合もですが、第2子などのときは特に重複を避けるため、希望の品を伺ってから贈るようにしましょう。贈るものがわからない場合は、現金や商品券も物入りのときですので喜ばれます。

贈り方とお返しのマナー

水引・かけ紙

水引は赤白の蝶結びに、のしをつけます。表書きは「御出産祝」「御出産御祝」（5文字にしたい場合）「御誕生祝福」「肌着料」（買って欲しい品を書いてもかまいません）などがよいでしょう。

金額の目安

親族	1万～2万円
友人	5千～1万円
会社関係	5千～1万円
隣人	3千円

お返し

お宮参りの前後の生後30日頃に、いただいたお祝いの3分の1から半額が目安です。水引は赤白の蝶結び、かけ紙にのしをつけます。詳しくはP81を参考に。

がんばったお母さんへ

出産祝いの贈り物というと赤ちゃんのものを想像してしまいますが、出産という大仕事を成し遂げたお母さんへ、慰労の気持ちをこめて贈り物をすると喜ばれます。少し大きめで軽く、内側が防水加工されたマザーズバッグやお散歩しやすい靴など、実用的なものがよいでしょう。

出産祝いを贈る時期

生後七日から一か月の間に贈りましょう。母子が退院してお七夜がすんだ後からお宮参りまでの間が一般的です。本来なら持参したいところですが、産婦と新生児は静養が必要なので入院中や出産直後の訪問はできるだけ控えます。直接お祝いに訪れるときは、出産から２～３週間後を目安に伺います。その場合は、あまり大人数での訪問や食事時は避け、お母さんの体調を考えて早めにおいとましましょう。

宅配便を利用しましょう

出産とその直後は、赤ちゃんへの授乳や夜泣きでお母さんは大変です。訪問するよりも宅配便などを利用したほうが迷惑になりません。

安産でなかった場合

必ずしも安産の人ばかりではありません。出産祝いを贈る場合は、母子の容態をきちんと確かめてから贈りましょう。難産で母子ともに体調がよくないときは回復を待ってお祝いします。死産の場合、香典は送らずお見舞いに花などを届けましょう。

喜ばれる贈り物

ベビー服・肌着

何枚あっても困らず、実用的です。半年後くらいから使える少し大きめのサイズを選びましょう。

紙おむつ・よだれかけ

紙おむつは意外に重い消耗品。お母さんの買い物の助けにもなります。

ぬいぐるみ・おもちゃ

木のぬくもりがする積み木やおしゃぶりなどが人気です。

赤ちゃん用食器

落としても割れないものが一般的。お喰い初《ぞ》め用のぬりの食器も喜ばれますが、両親に聞いてから贈りましょう。

Manner up!

連名で贈る

会社の同僚や友人同士など連名で贈る場合は、ベビーベッドやベビーカーなどの少し高価なものも贈れます。その場合、消耗品とは違いますのでご両親に希望のデザインなどを聞いてあげましょう。ご両親からすれば、長く使うものは、気に入ったものを使いたいというのが本音です。

希望を聞くときのポイント

贈り物の予算を伝えてあげると、先方も希望がいいやすくなります。

出産祝いのお返し

紅白のお餅・赤飯

昔ながらの伝統的な内祝いの品です。

砂糖・鰹節

縁起もので実用的な定番の品です。

タオル・せっけん

海外ホテルのアメニティのようなおしゃれなバスセットもすてき。

赤ちゃんの写真付きの品

ジュースやワインのラベルを赤ちゃんの写真にしたものなど。

Manner up!

かけ紙には赤ちゃんの名前を

赤ちゃんの名前を披露する意味があるので、お返しのかけ紙には赤ちゃんの名前を書きます。読みにくい場合はふりがなをふりましょう。親しい人には品物と一緒に赤ちゃんの写真を添えてもいいでしょう。

水引は赤白の蝶結び、のしをつけます。表書きは「内祝」。

子どものお祝い

入園・入学祝いを贈る

子どもにとって入園、入学は大きな節目です。基本的には両親や祖父母など身内の人間が、お祝い品や現金を贈ります。また会食の席を設けることもあるようです。

贈る品は、祖父母からは、ランドセルや勉強机が一般的です。おもちゃはお祝いにはふさわしくありません。

幼稚園から中学校までは、子どもの両親に贈る意味合いが強いため両親の前で渡しましょう。高校生や大学生は子ども自身に贈るとよいでしょう。

中学校や高校、大学のお祝いは、ちょうど好みのはっきりする年頃ですので、品物より現金や商品券など、自分で選べるものが喜ばれます。

Check! 事前に確認しておくこと

□キャラクターの文房具用品

キャラクターものの文房具などを贈るときは、ご両親に聞いてからにしましょう。学校によっては禁止されている場合もあります。

□品物が重ならないように

幼稚園や小学校の入学に準備するものはたくさんあります。両親が用意していることもあるので、事前に欲しいものを聞いてから贈りましょう。

贈り方とお返しのマナー

贈る時期

入園・入学の一週間から10日前までには贈ります。なるべく早いほうがよいでしょう。

祝儀袋・かけ紙

水引は赤白の蝶結び、のしをつけます。表書きは、「御入園御祝」「祝御入学」「合格御祝」。

金額の目安

親戚	5千～1万円
友人・知人	3千～5千円

お祝いのお返し

一般的に子どもへのお祝いにはお返しはいりません。本人から電話や手紙でお礼を伝えましょう。園児の場合も親からの礼状に絵などを添えてお礼の気持ちを伝えます。

喜ばれる贈り物

入園

クレヨンや色鉛筆、
ノート、絵本など。

小学校

ランドセルや勉強机、
地球儀や辞書・図鑑など。

中学校・高校

品物よりも好きなものを選べる
現金や図書カードを。

大学

万年筆や腕時計のほか、
一人暮らしを始めるようなら
家電なども。

POINT 幼稚園や学校によっては、制服や靴が決まっているところもあるので衣類を贈るときは気をつけましょう。

卒業祝いと入学祝い、どちらを贈る？

中学校を卒業して高校に入学するなど、卒業と入学は時期が重なります。その場合は、どちらかをお祝いすればよいので、一般的には「門出を祝して」入学祝いを贈ります。また、大学の入学祝いは浪人の可能性もあるので合格の知らせを待ってからお祝いを贈るようにしましょう。

子どものお祝い

成人・就職のお祝いを贈る

成人式は人生の三大儀礼の一つで、1月の第2月曜日が成人の日になります。成人のお祝いも、就職祝いでも、学生の頃の友人とパーティーを開くことが多いようですが、両親とお酒を酌み交わし、食事会などをしてお祝いすると大人の仲間入りをしたという実感が本人も両親もわいてくるものです。

成人式のお祝いは両親が晴れ着を贈るのが一般的で、写真館で晴れ姿を撮影する人も多いようです。

就職祝いは、スーツやカバン、靴などを両親から贈るのが一般的ですが、一人暮らしをする人も多いので、電化製品や家具なども喜ばれます。

贈り方とお返しのマナー

贈る時期

成人の日は1月の第2月曜日なので少なくとも一か月前までには贈ります。20歳の誕生日に「成人のお祝い」として贈ってもよいでしょう。

金額の目安

成人	祖父母などが晴れ着を贈る場合はそれなりの金額になりますが、親戚などは1万円が目安になります。
就職	親戚は1万～3万円 知人は5千～1万円

成人祝い

就職祝い

水引・かけ紙

成人・就職ともに水引は、赤白の蝶結び、のしをつけます。表書きは、成人祝いが「祝御成人」「成人式御祝」など。就職祝いが「御就職御祝」「賀社会人」など。

お返し

一般的に身内のお祝いですのでお返しは不要です。本人からきちんとお礼の気持ちを伝えるようにしましょう。すでに社会人であればお礼に伺う、礼状を出すなどしっかりとした対応を心がけましょう。

喜ばれる贈り物

成人

晴れ着

男性にはダークスーツ、女性には振り袖などの礼装を。

宝飾品

男性にはカフスボタン、女性にはパールのネックレスなど。

就職

実用品・衣類

男性にはネクタイやカバン、女性にはスカーフやハンドバッグなど。

家庭用品

一人暮らしを始める人へは、電化製品やキッチン用品など。

初任給で両親へ贈り物を

就職祝いにお返しはいりませんが、両親へは感謝の気持ちをこめて初任給で贈り物をすると喜ばれます。

就職が決まっていない場合

卒業はしたものの就職が決まらないということもあります。その場合には、就職祝いではなく「御卒業祝」をなるべく早めに贈りましょう。内定の段階で贈るのは避け、決まった場合は4月に入る前までに贈るようにします。

人生のお祝い

結婚記念日のお祝いを贈る

結婚記念日を祝うのはもともと欧米の習慣でしたが、日本でも1年目から10年や20年といった節目の年にお祝いをするのが一般的になってきました。夫婦でお互いに感謝の思いを伝え合い、これからも助け合っていきましょうとお祝いをします。

一般的に夫婦二人で食事をし、贈り物を交換するなどして祝いますが、金婚式や銀婚式など、大きな節目の年には親戚や友人知人を招いてお祝いの会を開くことも多いようです。

また、大きな節目の年に向けて夫婦で結婚記念日貯金をして少し豪華な旅行を計画するのも普段の生活に張りが出てよいものです。

お祝いとお返しのマナー

水引とかけ紙

金婚式、銀婚式ともに赤白の蝶結び、のしをつけます。表書きは「○婚式御祝」「寿」などがよいでしょう。

蝶結びの赤白の水引

お返し

パーティーを催したら引き出物を用意します。水引は紅白か赤白の蝶結び、表書きは「寿」とし、夫婦連名にします。趣味が陶芸なら作品、登山なら山の写真集など二人らしさが感じられる品物で、相手が喜ぶものを贈りましょう。

結婚記念日とは？

結婚記念日のお祝いはイギリスが発祥の地です。イギリスでは5年目、15年目、25年目、50年目、60年目と、5回だけお祝いをします。それがアメリカに渡り、15年目までは毎年祝うようになりました。日本では明治27年の明治天皇の銀婚式「大婚25年祝典」が始まりといわれています。

喜ばれる贈り物

夫へ

● 腕時計

センスのいい時計なら、本人もうれしいだけでなく周りの評価も高まります。

● スーツ・靴

スーツや靴はオーダーメイドを選んで特別なものを。

妻へ

● ジュエリー

指輪やネックレスなどの装飾品が一般的です。

● ハンドバッグ

上質なハンドバッグは女性の憧れです。節目の記念品として。

Manner up!

特別な金婚式・銀婚式

結婚25年目の銀婚式と、50年目の金婚式は特別なお祝いです。欧米では結婚式に招待した人を招いてパーティーを盛大に行います。日本でも銀婚式の夫婦はどちらも働き盛りですので、親戚や友人を招いて少し華やかにお祝いしましょう。金婚式は、できれば子どもや周りの人が企画してお祝いしてあげたいものです。

お祝いのしかた

基本的には夫婦二人で食事をして、お互いに記念品を贈り合って祝います。子どもがいる場合は「家の誕生日」として家族で祝ってもいいですし、その日だけは子どもを祖父母などに預けて夫婦二人だけの時間を過ごしてもよいでしょう。贈り物はお互いにリクエストをしてもいいですし、結婚記念日には年によって名称がついているのでそれにちなんだ品を贈るのも一つの方法です。

二人だけのデートを楽しむ

一年に一度の大切な記念日ですから、事前に夫婦で計画を立てて少し遠出をするなど、結婚前のようなデートを楽しむと思い出になります。

Manner up!

結婚記念日に招かれたら

金婚式や銀婚式などの大きな節目では、親戚や友人知人を招待して、パーティーをする方も多いので、招かれたときはお祝いを贈りましょう。
金・銀にちなんだ品や、ペアのセーターなど夫婦の記念となるものを贈りましょう。子どもたちからなら現金や旅行券などを贈っても喜ばれるはずです。

贈る時期

お祝いの品を贈る場合は、パーティーなどの一週間前までに贈りましょう。現金なら当日でもかまいません。

Column

結婚記念日の名称と意味

1年目　紙婚式
家の誕生日

2年目　綿婚式
贅沢を戒め、質素倹約を

3年目　革婚式
革のように粘り強く

4年目　花婚式
花が咲き、実がなる

5年目　木婚式
夫婦が一本の木に

6年目　鉄婚式
鉄のように強い絆

7年目　銅婚式
生活の安定

8年目　ゴム婚式
二人の生活に弾力性を

9年目　陶器婚式
ヒビを入れずにここまできた

10年目　錫婚式
錫のようなやわらかさと美しさを

11年目　鋼鉄婚式
鋼のように強い愛の力

12年目　絹婚式
絹のような細やかな愛情

13年目　レース婚式
深く綾なす夫婦の愛

14年目　象牙婚式
象牙のように歳を重ねて輝く価値

15年目　水晶婚式
水晶のように曇りのない信頼感

20年目　磁器婚式
年代で価値が増す磁器のように

25年目　銀婚式
結婚生活の一区切り

30年目　真珠婚式
富と健康を表す

35年目　珊瑚婚式
長い年月をかけて成長する珊瑚のように

40年目　ルビー婚式
深い信頼と愛情

45年目　サファイヤ婚式
誠実さと徳望の証

50年目　金婚式
金色の輝きを得て豊かさを表す大きな記念日

55年目　エメラルド婚式
静かに深く、尊い夫婦の愛

60年目（75年目）　ダイヤモンド婚式
最高の記念日。長寿と繁栄を祝う

人生のお祝い

長寿のお祝いを贈る

中国から伝わり「賀寿《がじゅ》」とも呼ばれる長寿のお祝いは、室町時代に始まり江戸時代に定着した風習といわれています。

賀寿とは、数え61歳（満60歳）の還暦から始まります。しかし現在では60歳はまだまだ現役の年齢。年寄り扱いされたようで、本人も喜ばない場合もあり、「赤いちゃんちゃんこ」を贈るなどの慣習も最近ではあまりみかけません。ただ赤色には魔よけという意味があるので、贈るなら赤いセーターやスカーフなどおしゃれなものを贈りましょう。またそれ以外の長寿のお祝いには決まりはありませんので、本人の喜ぶものを贈りましょう。

お祝いとお返しのマナー

贈る時期

食事会などの宴席を設けるときは前もって渡します。設けない場合は誕生日の当日に渡しましょう。

水引・かけ紙

水引は赤白の蝶結び、のしをつけます。表書きは「祝喜寿（77歳）」「喜寿御祝」「賀華甲（還暦）」「寿福」「祝御長寿」など。

金額の目安

子ども	2万～3万円
親戚	5千～1万円

お返し

基本的にお返しは必要ありませんが、本人が絵や書、俳句などをたしなむなら作品をお返しにすると、長寿であればあるほど喜ばれます。

喜ばれる長寿の贈り物

身につけるもの

還暦なら赤、古希には紫が一般的。少し若めのものを。

チケット・旅行券

歌舞伎などの観劇チケットや旅行券で船旅などを。

携帯・パソコン

操作が簡単な高齢者向けの機器も多く出ています。

ランニングシューズ

「いつまでも健康でいてね」という気持ちをこめて。

Manner up!

長寿の名称と由来

還暦 (61歳) ……… 十二支の干支は60年で一巡し、61歳で生まれた干支に戻ることから

古希 (70歳) ……… 「人生七十古来稀なり」という中国の詩人杜甫の詩から

喜寿 (77歳) ……… 「喜」の草書体「㐂」が七十七にみえることから

傘寿 (80歳) ……… 「傘」の略字は「仐」と書き、八十にみえることから

米寿 (88歳) ……… 「米」の字を分解すると八十八になることから

卒寿 (90歳) ……… 「卒」の略字は「卆」と書き、九十にみえることから

白寿 (99歳) ……… 「百」の字から「一」をとると「白」になることから

※すべて数え年

人生のお祝い

新築祝いを贈る

人生の一大イベントといっていい新築には、心からの祝福を形にして贈りたいものです。身内はもちろんですが、友人知人の新築もお祝いし、幸せのお裾わけをいただきましょう。戸建てに限らずマンションを購入した場合や、増改築したときでもお祝いをします。

新築祝いには品物を贈ることが一般的ですが、インテリア用品などは相手の趣味もあるので、迷ったときは現金や商品券でもかまいません。また、新築披露に招く側は家を案内することを考えて、日中の明るい時間帯に招待するようにします。食事のメニューは、お昼と夕方どちらに近いのか、時間帯を考えてから決めましょう。

お祝いとお返しのマナー

贈る時期

新築披露の前までに贈ります。当日持参するのは、ほかの招待客の手前なるべく避けるようにしましょう。新居を拝見してから家に合った品を贈りたい場合は、当日は手みやげ程度を用意し、「お祝いは改めて」と一言添えます。

金額の目安

なにかと物入りなので、現金や商品券が喜ばれます。

友人	5千～1万円
親戚	1万～2万円

お返し

新築披露に招待し、食事などでもてなすことがお返しになります。招待できなかった人にお祝いをいただいたときは、いただいた金品の半額程度の品を返しましょう。

水引・かけ紙

水引は赤白の蝶結び、のしをつけます。

表書きは「御新築祝」「祝御新築」「御新築御祝」「新居御祝」など。

喜ばれる贈り物

品物を贈る場合は、贈る相手の趣味に合わせたいもの。
具体的に希望を聞いてから贈るとよいでしょう。

時計

かけ時計や置時計は実用性のある代表的な新築祝いの贈り物。

家電製品

ホットプレートやコーヒーメーカー、加湿器など。

観葉植物

「その場にしっかり根づくように」という願いをこめて。

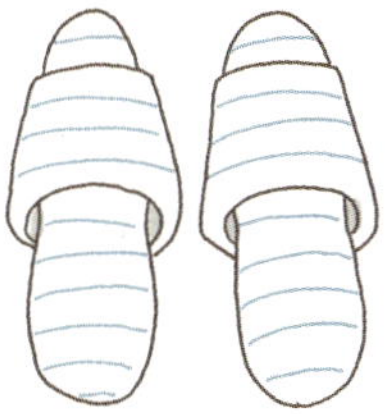

スリッパ

新築直後はお客様が増えるので、何足あっても困りません。

POINT 新築披露の席では「揺れる」「傷つく」「壊れる」「傾く」「崩れる」「倒れる」「燃える」などの言葉は縁起が悪くタブーといわれています。またそれを連想させる「ライター」や「灰皿」「キャンドル」のように火事を連想させるものは、避けたほうがよいでしょう。

Manner up!

当日のマナー

新築披露に招かれた当日は、招く側が招待客の先に立って家のなかや、戸建ての場合には庭などを案内しますので、決して勝手に部屋を覗き込んだり、戸を開けたりしないようにしましょう。
また、建築費用や吉凶の方位などの話題は、先方が触れない限りこちらから話すことのないようにします。

子連れでの訪問

ときには子連れでの訪問に難色を示す方もいらっしゃいます。子どもを連れていくときは、事前にお伺いを立ててから訪問しましょう。

人生のお祝い

いろいろなお祝いの贈り物

年齢を重ねるとお付き合いの範囲も広がるのでお祝いの機会が増えていくものです。そんなお祝いの場面では、相手を祝福する気持ちが一番大切ですが、マナーを心得ていないとせっかくの晴れの席に水を差しかねません。贈り方や贈るタイミングなどにも充分配慮してお祝いをしましょう。

祝賀会やオープニングパーティーが開かれるときは、出席が何よりのお祝いになります。服装は、招待状の指示に従いましょう。「平服で」と書かれていた場合は、男性ならダークスーツ、女性ならきちんとしたワンピースやスーツが略礼装です。指示がないときは主催者側に確認すると安心です。

お祝いとお返しのマナー

水引・かけ紙

水引は赤白の蝶結び、のしをつけます。ただし共通してお酒、鯛や伊勢エビなどの祝い魚を贈る場合にはのしはつけません。

芳名張

芳名張が用意されているときは、出席した人の住所と名前を書きます。夫婦や家族で出席したときは、夫が氏名と住所を書き、妻や子どもはその横に名前のみを書きます。

お返し

受賞（章）などの祝賀パーティーでは、名称を入れた記念品などのお返しをすることがありますが、基本的にお返しは必要ありません。ただし、お礼状を書いたり電話をしたりするなどして、お礼の気持ちはきちんと伝えたほうがよいでしょう。

Check!

お祝いの心遣い

□差し入れは個別包装がおすすめ

発表会や展覧会へお菓子などの差し入れを持っていくときは、みんなで分けやすい個別包装のものが喜ばれます。

□展覧会や個展は本人がいる日を確認

出品作家が会場に来ていることもあります。日程が合えば、作家のいる日に行き、直接お祝いするといいでしょう。

お祝いのしかた

開店・開業

水引・かけ紙 赤白の蝶結びの水引をかけ、表書きは「祝御開店」「開業御祝」など。

金額の目安
親戚、友人、知人　ともに1万円

喜ばれる贈り物 かけ時計や鏡、傘立てなどが一般的ですが、熊手やだるまなどの商売繁盛を願った縁起物も。

タブー 新築祝い同様、火事を連想させる灰皿などは避けましょう。

昇進・栄転

水引・かけ紙 赤白の蝶結びの水引をかけ、表書きは「祝御栄転」「御就任御祝」など。

金額の目安
個人的なことなので、家族など身内で行うのが一般的。

喜ばれる贈り物 家族なら、ささやかなパーティーでお祝いを。同僚ならゴルフグッズやお酒などの嗜好品を贈りましょう。

発表会・個展

水引・かけ紙 赤白の蝶結びの水引をかけ、表書きは「御祝」「祝展覧会」「楽屋御伺」（目上）「楽屋御見舞」（同輩・目下）など。

金額の目安
招待状をいただいたときは、入場料の金額が目安。

喜ばれる贈り物 お酒やお菓子、花などが一般的です。ただし、書道や絵画などの個展に花を贈る場合は相手にどのような花がよいかを聞いてから贈りましょう。場合によっては作品の雰囲気を壊してしまう可能性があります。

受賞（章）

水引・かけ紙 赤白の蝶結びの水引をかけ、表書きは「祝御受賞（章）」「御受賞（章）御祝」など。

金額の目安
一般的に５千～１万円ですが、相手との関係を考えて。

喜ばれる贈り物 日本酒、シャンパンなどのお酒類、鯛など。鯛などのなま物にはのしはつけません。

送る時期 日をおかず、早めに贈ります。遅くとも受賞（章）後10日以内には贈るようにしましょう。

葬儀

香典を贈る

香典とは線香や抹香の代わりに差し上げるお金のことです。通夜、葬儀（告別式）に参列した際に贈ります。香典を贈る場合、不祝儀袋の体裁は宗教によって違いますので確認しましょう。わからないときは表書きをすべてに使える「御霊前」とします。また、突然の不幸の知らせにとりあえず弔問に駆けつけるときは、香典を用意するのはかえって失礼にあたりますので気をつけましょう。

先方の意向で、「御厚志辞退」とあったときは、現金も品物も辞退するという意味ですので、贈るのは控えましょう。「供物、供花辞退」とあったときは、現金のみを贈るようにします。

Check!

贈るときのPOINT

□包んで持ち歩く

不祝儀袋はふくさや小さめのふろしきに包んで持参します。むきだしで持ち運ぶのはマナー違反です。

□宗派を確認する

不祝儀袋の体裁や表書きは宗教によって違います。事前に確認をしておきましょう。詳しくは次頁を参照してください。

□中包みを省く

通夜、葬儀などたくさんの人が集まるときは、受付の人の手間を考えて中包みを省いて、上包みの裏側に住所、郵便番号、金額を書いて渡すようにしましょう。

□お金への配慮

金額は「4」「9」を避けます。新札を使うと準備していたみたいで失礼と考えられていましたが、今では清潔なものを差し上げるということから新札を使う傾向があります。気になるようなら折り目をつけましょう。

不祝儀袋のマナー

水引と表書き

仏式

のしはつけず、水引は黒白、双銀、青白、黄白。水引は結び切り(あわじ結びなど)。表書きは、「御香料」「御霊前」「御香典」「御悔」「御供」「御供物」。

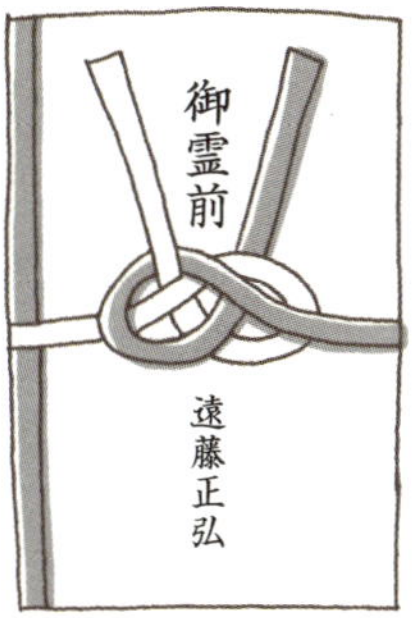

神式

のしはつけず、水引は双白が一番よく、黒白、双銀、青白でもかまいません。水引は結び切り。表書きは、「御榊料」「玉串料」「神饌料」「御神前」「御供」「御供物」。

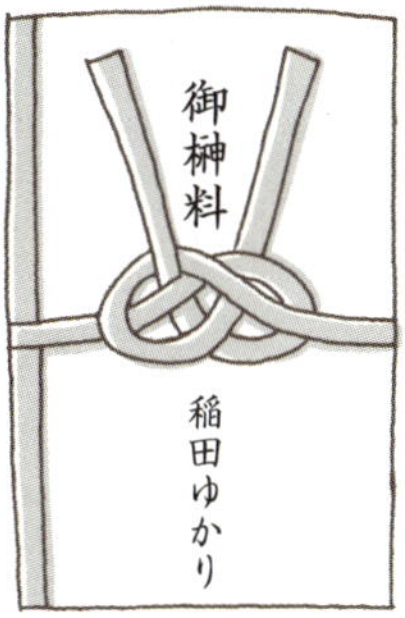

キリスト教式

不祝儀袋は、白封筒か十字架や百合の花が書かれたもの。水引、のしは必要ありません。表書きは、「御花料」「御ミサ料(カトリック)」「忌慰料(プロテスタント)」。

※「御霊前」は浄土真宗を除く仏式、神式、キリスト教式のすべてに使えます。

金額の目安

両親	30～50代　10万円
兄弟・姉妹	30～50代　3万～5万円 60代　3万円
祖父母	20・30代　1万円
おじ・おば	20～50代　1万円
知人・友人	20代　3千～5千円 30～50代　5千～1万円
隣・近所	20～50代　3千～5千円
上司	20代　3千円 30代　5千円 40・50代　1万円

※あくまでも目安ですので、会社関係などは職場のルールに従いましょう。

Manner up!

お清めの塩

会葬礼状に塩が入っていたら、帰宅したときに門か玄関の前で、お清めのための塩を振ります。宗派によっては、「亡くなった方の魂は、汚れていないので、お清め塩を使う必要はない」という理由から塩をつけていないこともあります。

お悔やみの言葉

故人を偲び、遺族へのいたわりの気持ちを伝えましょう。

一般的なお悔やみ

「この度はご愁傷さまでございます」
「心よりお悔やみ申し上げます」

急死の場合

「あまりに突然の悲しい知らせに信じられない思いでございます。心からご冥福をお祈りいたします」

長患いの場合

「この度はご愁傷さまでございます。ご看病のかいなく、本当に残念でなりません」

※冥福は仏教のみで使う言葉です。

POINT 「再三」や「また」などの忌み言葉や、「返す返す」や「しばしば」などの重ね言葉、また直接的な表現である「死ぬ」「死亡」「生きる」などは使わないようにしましょう。「死亡→ご逝去」「生きている頃→お元気な頃」などに置き換えます。

Manner up!

通夜ぶるまい

通夜では、通夜ぶるまいという食事やお酒がふるまわれます。故人と過ごすこの世で最後の食事、供養、お清めの意味があるので、断らずにいただきましょう。通夜ぶるまいは長居をせず、頃合いをみて喪主にあいさつしてから退席します。喪主がいないときは、遺族や世話役にあいさつをします。

通夜・葬儀のQ&A

Q 通夜と葬儀の両方に出席するときの御香典は？

A 通夜と葬儀の両方に出席する場合は、どちらかの席で渡します。特に決まりはありませんが、通夜のときに持参するのが一般的です。

Q 通夜や葬儀にどうしても参列できないときは？

A お悔やみと参列できない理由を手紙に書き添え、不祝儀を現金書留で郵送します。弔事やお悔やみの手紙は、薄墨かブルーインクを使います。弔電を打って、代理の人に香典を託す方法もあります。

Q 現金書留での贈り方は？

A 現金書留の場合は現金封筒に直接現金を入れるのではなく、現金を表書きや金額を記入した不祝儀袋に入れ、それをそのまま現金書留袋に入れます。封筒にはお悔やみの手紙も必ず同封するようにしましょう。

Q 香典を預かった場合は？

A 受付で自分の香典と一緒に渡します。自分の名前だけでなく、預かった人の氏名も記帳します。記帳は後でお返しを贈るときの名簿にもなるので、面倒くさがらずに必ず書きましょう。

Q 弔電を打つとき、誰あてに打てばよいのですか？

A 亡くなった人の友人・知人であれば喪主か家族あてに打ちます（宛名は「○○様」、もしくは「ご遺族様」とする）。亡くなった人の家族の友人・知人は、その友人・知人あてに打ちます（宛名は「○○様」とする）。弔電は、通夜か葬儀前までに着くように手配しましょう。

葬儀

供花・供物を贈る

死者の霊をなぐさめるために霊前に供える花や品を、供花《きょうか》、供物《くもつ》といいます。供花の場合、生花は個人で、花環は会社など団体で贈るのが一般的です。

生花は花屋、花環は葬儀社に依頼します。祭壇に飾る生花は、種類や色彩を統一する必要から、葬儀社でセッティングすることも多くなっています。この場合は、遺族に頼み「御花料」として花代に相当する現金を贈ります。

供物の金額の日安は一般会葬者の香典と同額と考えるのが一般的です。供花も同様の金額ですが、1万から1万5千円程度が多いようです。贈る品は宗教や宗派によっても違います。

Check!

贈るときのPOINT

□供花の種類と色彩

生花には百合や菊、カーネーションなどの花が一般的ですが、最近では胡蝶蘭やオンシジウムなども多いようです。

□宗派を確認する

贈る供物の品は、宗教や宗派、地域によっても違いがあるので特に注意が必要です。きちんと確認してから手配しましょう。

□贈るタイミング

供花は斎場に飾られるものなので、通夜に贈るときは当日の午前中、葬儀なら前日までに届くように花屋や葬儀社に手配します。

□遺族の意向

霊前に供える供花や供物は、斎場の広さや葬家の意向もあるので、事前に必ず世話役や葬儀社に遺族の意向を確認してから手配します。最近では供花・供物を断る喪主も増えてきています。

供花の贈り方

生花は花屋か葬儀社に、花環は葬儀社に依頼します。

仏式

花環、生花、花束を供えます。菊、百合、カーネーションが一般的です。

神式

仏式と同じですが、白や黄色の花や大榊を贈ることもあります。

キリスト教式

白一色に限られます。白い花の生花のかご盛りや、白い花の花束を供えます。

POINT 最近では色にこだわらず、故人の好きだった花を贈る人も増えています。また、子どもの葬儀の場合は、薄い暖色系の色の花を供えることもあります。

※花環でなく樒（しきみ）を贈る地方もあります。

供物の贈り方

線香やろうそくの場合は不祝儀用のかけ紙で包み、
果物や缶詰の場合はかごを白い紙で包装し、黒か白のリボンをかけます。

仏式

線香やろうそく、抹香などの仏具や、果物、干菓子、缶詰などが一般的です。個人の好んだ食べ物を贈ってもよいでしょう。ただし、なま物は避けます。

神式

魚などの海産物や酒、和菓子、果物、五穀などを贈ります。線香や抹香は供えませんが、ろうそくは供えてもかまいません。

キリスト教式

キリスト教では供物を供える習慣はありません。

葬儀

香典返しを贈る

香典返しとは、葬儀にいただいたお金、供花や供物などのお礼として礼状を添えて品物を贈ることです。一般的には葬儀社やデパートなどから送ります。葬儀のときの香典帳や供花帳などで確認して、お返しもれがないように気をつけましょう。また、香典返しのタイミングは宗教によって異なりますが、葬儀当日に贈る「即日返し」が最近では多くなっています。

金額の目安はいただいた額の半額ですが、最近では金額にかかわらず、一律の品物を贈ることが多いようです。「一家の大黒柱を失った」「地方の習慣で香典返しはなし」などの事情で返さないケースもあります。

Check!

贈るときのPOINT

□贈るタイミング

最近では、香典返しを葬儀、告別式の式場で渡す「即日返し」が多いようですが、一般的には忌明けに贈ります。忌明けの時期は、仏式が三十五日か四十九日、神式が三十日祭か五十日祭としています。

□キリスト教

キリスト教には、忌明けにあたるものがありません。不祝儀のお返しは本来必要ありませんが、日本ではお礼の品を、カトリックでは一か月後の月の命日の追悼ミサの後に、プロテスタントでは記念祭後に贈ることが一般的です。

□あいさつ状

香典返しを贈るときは必ずあいさつ状を添えます。正式には巻紙に薄墨の毛筆で書きますが、百貨店や葬儀社に依頼すれば、基本書式に故人の名前を入れて印刷してくれます。

POINT

香典返しをしない場合もあいさつ状は送ります。地方の慣習や、香典返しを辞退された場合などは、香典返しをしない理由と一緒に、香典をなにに使わせていただくかなどの使い道を知らせるあいさつ状を送ることもあります。

香典返しのマナー

本来、不要でしたが現在ではお礼の気持ちをこめてお返しすることが習慣になっています。

あいさつ状を添え、長く残らない日用品を贈りましょう。

水引と表書き

仏式と神式は、表書きを「志」として、白黒か双銀、または双白の結び切り。キリスト教の表書きは、「記念品」。

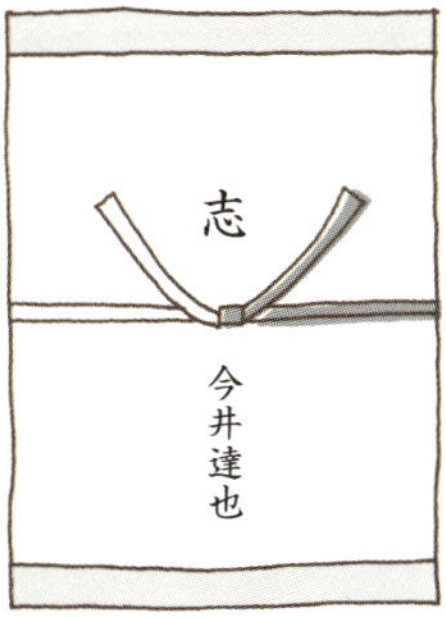

金額の目安

香典返しは、いただいた香典の半額をお返しするのが基本です。これを「半返し」といいます。最近では、いただいた金額にかかわらず同じ品物をお返しすることも増えています。

弔電のお返し

弔電をいただいた人へは、香典返しを送る必要はありません。その代わり手書きでお礼状を送りましょう。

香典返しの品

香典返しの品物は、後に残らない消耗品を選びます。一般的には「お茶を飲んで故人を偲ぶ」という意味でお茶や、海苔、タオル、せっけんが多いようです。コーヒーやハンカチ、商品券などもよく選ばれます。

供花・供物のお返し

供花や供物をいただいた人へは、香典返しと同様に半返しします。ただし、会社など、団体からの場合はお返しの必要はありません。

Manner up!

相手の性格に合わせて

「あげたものを勝手に寄付するなんて」と思う方もいるでしょう。相手の性格を見抜いて判断しましょう。

香典を寄付した場合

故人や遺族の考えで、香典を福祉施設や病院の研修施設、団体に寄付することも増えています。そのような場合は、寄付先の団体名と寄付の趣旨を香典をいただいた人へのお礼状に書き添えます。

葬儀

関係者へのお礼

葬儀が終了したら、僧侶や神官、神父、牧師などのほか、葬儀でお世話になった人にお礼をします。

謝礼のほかに、送り迎えをしない場合は「御車代」、食事代として「御膳料」を包むこともあります。また、霊柩車などの運転手やオルガン奏者、聖歌隊などをはじめ、火葬場の係員や、世話役、受付をしてくれた人へは心づけを渡します。お礼も心づけも、贈り主の名前は喪主の氏名を書きます。インクは薄墨でも濃い墨でも使えます。

僧侶や神官へのお礼は不祝儀袋に包むこともありますが、お寺や神社に不幸があったわけではないので、奉書紙の上紙か白封筒に入れます。

お世話になった人への心づけ

通夜からお世話になった世話役や手伝いをしてくれた方へは、葬儀後心づけを渡します。

水引と表書き

水引やのしはつけず、表書きは白封筒に「志」「御礼」が一般的です。キリスト教式の場合は「感謝をこめて」とします。

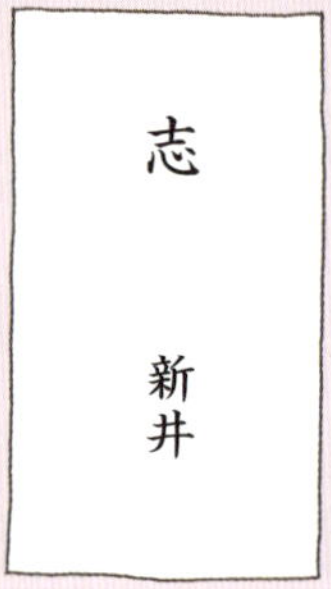

渡すタイミング

式場関係者や運転手などは、仕事が終わった時点で渡します。世話人や会計係などの人へは後日お礼の品を持参するか、礼状を添えて香典返しと一緒に商品券などを贈るとよいでしょう。

葬儀では、多くの人のお世話になります。心づけは少し余分に用意しておくと安心です。公営の火葬場係員への心づけは禁止されているので注意しましょう。

金額の目安

世話役・会計係・受付	1万円
近所の手伝いの人	2千～3千円
葬儀社のスタッフ	3千～5千円
火葬作業員	3千円
霊柩車運転手	3千～5千円

僧侶・神官・教会へのお礼

葬儀のお礼は葬儀が終わったその日に渡すようにします。
送り迎えをしない場合は、交通費として「御車代」も用意しましょう。

僧侶

仏式では戒名料と読経料を合わせて御布施として渡します。

表書き

白い封筒に「御布施」「読経料」など。

金額の目安

戒名料は格付けによって異なり、信士（信女）は10万円、居士（大姉）は25万円、院居士（院大姉）は60万円くらいが相場といわれています。読経料の金額に決まりはありません。葬儀社に相談するか、お寺に直接たずねてみてもいいでしょう。

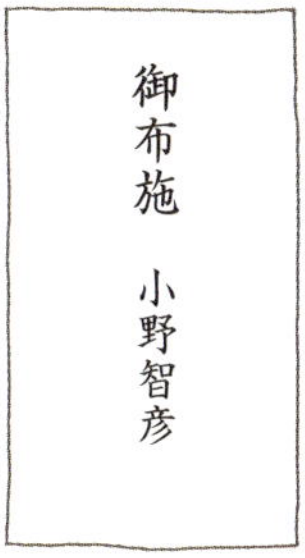

神官

謝礼の渡し方は基本的に仏式と同じですが、表書きが変わります。

表書き

白い封筒に「御礼」「御祈禱料」「御祭祀料」「玉串料」など。

金額の目安

神官のほか、祭員、楽人に謝礼を包みます。金額は葬儀の規模や斎員、楽人の人数によって変わるので葬儀社か神社の社務所に直接確認します。

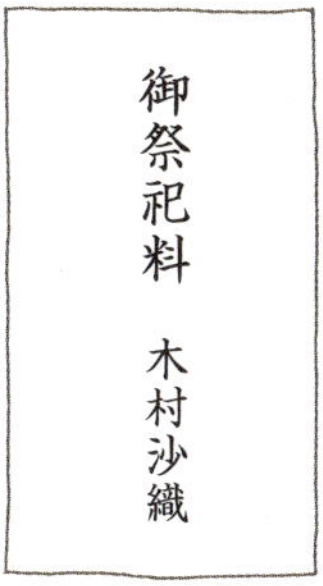

神父（牧師）

神父（牧師）または教会に献金として渡します。

表書き

白い封筒に神父には「御礼」、教会には「献金」。

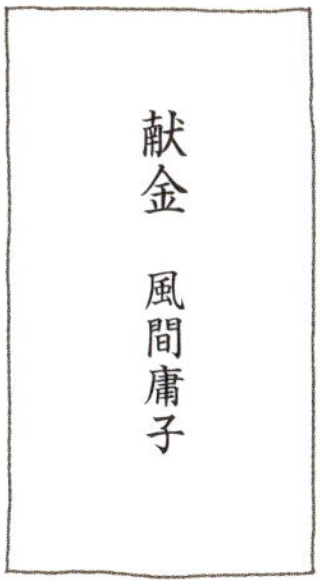

金額の目安

教会に金額の規定料があればそれに従い、なければ多少多めに支払います。

法要

法要を行うとき

法要とは、故人の冥福を祈り、供養する仏式の儀式です。忌中の四十九日までは七日おきに七回行います。四十九日に忌明けの法要を行った後は、新盆や百か日法要をはさんで、一周忌からは年忌法要になります。

神式では霊祭（霊前祭）が行われます。キリスト教では、カトリックの場合は追悼ミサを、プロテスタントの場合は記念会が行われます。

法要に招かれたときは、現金を包むのが一般的ですが、供物を贈ることもあります。出席できないときは、お詫びの手紙を添えて「御供物料」を現金書留で法要当日までに送ります。法要は招かれた人しか出席しません。

僧侶・神宮・教会へのお礼のマナー

僧侶などに法要を営んでもらったときは謝礼を贈ります。

表書き

仏式	「御布施」
神式	「御礼」「御祭祀料」「玉串料」
教会	「献金」
神父・牧師	「御礼」

仏式

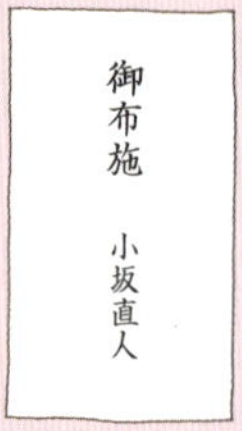

金額の目安

僧侶への謝礼はお寺によって違いますので確認しましょう。神官や神父、牧師は２万～３万円が相場です。また、キリスト教式では、オルガン奏者や聖歌隊の人にも「御礼」の表書きで５千～1万円の謝礼をしましょう。

キリスト教式

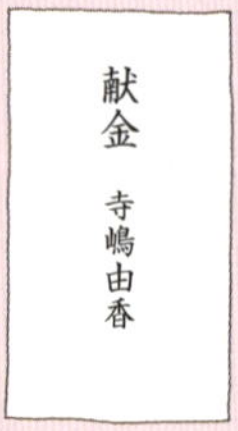

神式

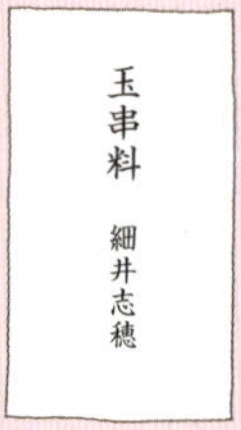

年忌法要の数え方

仏式の年忌法要は、一周忌を死亡した翌年の祥月命日（死亡した日と同じ月）に行い、数え方は「満」になります。それ以降は亡くなった年も入れた「数え」で数え、三回忌は２年目、七回忌は６年目と続いていきます。百回忌までありますが、三十三回忌をもって成仏すると考えられ、一般的には三十三回忌まで営みます。

お斎と引き出物のマナー

お斎《とき》

法要を行った後は参列者に会食の席を設けてもてなすのが一般的です。これを「お斎」といいます。前もって料理屋さんやホテルなど会場を選ぶ場合が多いようですが、お寺でもできる場合があり、そのときは仕出しを頼みます。また自宅で行う場合は、仕出しばかりではなく手作りも織り交ぜるとよいでしょう。食事をしない場合もありますが、このときは折り詰め弁当などを前もって用意して参列者に手渡します。

引き出物

参列者には法要後のお斎が終わってから引き出物を渡します。金額は3千～5千円程度で、海苔、お茶、お菓子、タオルなどが一般的です。お斎をしない場合は引き出物に折り詰めやお酒を添えます。また、キリスト教式では引き出物の習慣はありませんが、最近ではお茶やお菓子を贈ることが多いようです。

Manner up!

法要に招かれたとき

法要に招かれた場合は現金を包むのが一般的です。金額は1万円程度、仏式、神式ともに不祝儀袋の水引は黒白、双銀、黄白の結び切り（双白は神式のみ）。のしはつけません。キリスト教式は十字架や百合の模様の袋にしてそれぞれ法要の当日に渡します。

表書き

仏式	「御仏前」「御供物料」「御香料」
神式	「御供物料」「玉串料」
キリスト教式	「御花料」

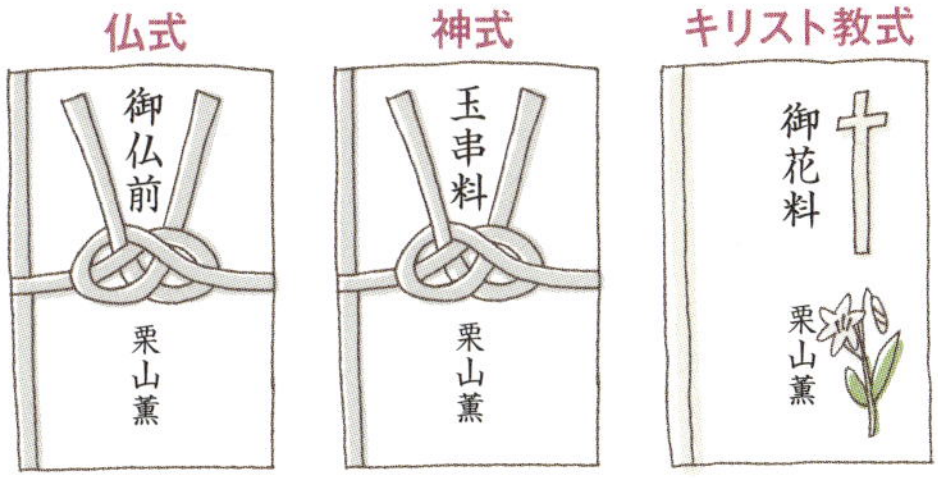

Column　お付き合い帳

	日付	分類	相手先	詳細	家族	金額	品物
贈る	1991年5月8日	弔辞	吉村圭子	叔父の香典	叔母	10000円	現金
頂く	1993年9月27日	慶事	安藤美沙子	出産祝い	友人		ベビー服
贈る	1993年10月5日	慶事	安藤美沙子	お返し	友人	2000円	石けん詰合せ
贈る	1994年7月10日	慶事	上島明	お中元	仲人	5000円	ビール
頂く	2000年3月20日	慶事	山路明子	入学祝	祖母		ランドセル
頂く	2000年3月21日	慶事	川島秀明	入学祝	叔父	5000円	現金
贈る	2000年2月15日	慶事	加藤春香	結婚祝い	従妹	30000円	現金
贈る	2005年4月23日	慶事	久保田直人	出産祝い	後輩	4000円	肌着

冠婚葬祭の贈り物を記録

お付き合い帳とは、冠婚葬祭などお金や品物のやり取りの記録を書きとめたものです。最近では簡単に管理できるソフトも発売されていますし、自分の見やすいよう、ノートに作成してもよいでしょう。

冠婚葬祭のお金のやり取りを記録しておくのは大事なことです。

いつ、誰から、いくらいただいたかを基本に、記念日やお祝いごと、弔事の日付を書いておくと、うっかりと忘れてしまうこともありません。

プレゼントにも

結婚すると冠婚葬祭のお付き合いが増えるもの。友人や知人の結婚祝いに贈っても喜ばれます。また、子どもの0歳から20歳までのいただきものやお返しと成長の記録がつけられるお付き合い帳もあります。子どもの成人式や結婚の日に渡せば、すばらしいプレゼントになるはずです。

第3章 贈り物の基本マナー

これだけは知っておきたい贈り物の基本マナーや、
贈り物の送り状やお礼状の文例を紹介しています。
贈り上手、贈られ上手になるために
基本をしっかり押さえましょう。

贈り物の基礎知識

贈り物の基本

贈り物とは、日ごろの感謝や、喜び、悲しみなどの気持ちを託して贈るもの。大切なことは贈る側の気持ちを相手に伝えることなのです。

日本では古くからその贈り方に決まりごとのあるものがあります。しかし、これも贈る相手を気遣い、思いやる気持ちが表れた結果です。決まりごとの一つ一つには意味があり、それを守ることで、より贈る側の気持ちが相手に伝わりやすくなります。

特に慶事や弔事での贈り物のマナーを覚えておきましょう。知らずに失礼にあたるものを贈ってしまうと、相手に不快な思いをさせたり、気を遣わせてしまうことがあります。

縁起の悪い贈り物

古くから「縁起が悪い」といわれている贈り物です。相手の希望がない限り、贈るのは避けましょう。

お茶 弔事に使われることが多いためお祝いごと全般に贈るのはNGです。

櫛 「くし」から「苦」や「死」を連想させるため避けるのが無難です。

結婚祝い

包丁やはさみ、鏡や陶磁器

包丁やはさみは「切る」を連想させるため。鏡や陶磁器は「割れる」を連想させるため。

新築・開業祝い

ライター・灰皿

「火」を連想させるため。

贈り物の数

日本では昔から４は「死」を、９は「苦」を連想させるためタブーとされています。

病気見舞い

鉢植え

「根つく」が「寝つく」につながるため。シクラメンは「死」や「苦」を連想させるため NG です。

目上の人

靴や靴下

「踏みつける」ことを連想させるため。

時計やカバン

「より勤勉に」という意味があるため失礼とされています。

品物を贈る5つのポイント

1 目的に合わせて

プライベートな誕生日祝いと慶事や弔事では、贈り方も品物も違います。マナーやタブーなど基本ルールを守りましょう。

2 相手の身になって

贈る相手の趣味や嗜好、家族構成、年齢をよく考え、喜んでもらえる品物を選びましょう。

3 相手との関係

贈る相手の立場や自分との関係性で贈る品は変わります。慶弔事の表書きなどは特に注意が必要です。

4 贈るタイミング

品物を贈るタイミングを逸すると、かえって先方にご迷惑をかけることにもつながります。

5 贈る体裁

のしや水引、表書きなどは、贈る目的にふさわしい体裁にしましょう。状況に応じて、送り状を郵送するか、品物に添えましょう。

Manner up!

贈る側の気遣い

上手な贈り物のコツは、相手に気を遣わせないことです。高価すぎる贈り物や、親しくもないのに趣味性が強いもの、大きくて置き場に困るものなどは、相手に気を遣わせてしまいます。カジュアルな贈り物を贈るときには、「よかったらもらってもらえる?」などと一言添えるとよいでしょう。

また、贈った品物が相手に気にいってもらえたかは気になるものですが、自分から聞くのはマナー違反です。

贈り物の基本

郵送で贈るマナー

本来、贈り物は先方宅に訪問して渡すのがマナーです。しかし、訪問するとなると贈る相手に負担がかかることもあります。留守がちのお宅や共働きのお宅へ贈り物をするときには、先方に負担のかからない郵送、または宅配便を利用して贈るのも一つの方法です。また、遠方の人などへ直接渡すことができないときも郵送を利用するといいでしょう。結婚式や葬儀にどうしても出席できないときは、その理由とお詫び状を添えて御祝儀やお香典、品物を現金書留や郵便を使って送ります。

事前に贈る品物の内容と贈る理由、配送業者や到着予定日時を記した送り状を送ると、より丁寧です。

贈り方のマナー

贈り方

お店から直接送る方法と、自分で宅配便を手配して送る方法があります。たいていの場合は配達日や時間帯を指定できるので、相手に希望を聞いてから手配すると丁寧です。

贈る時期

結婚祝いなど事前にわかっている場合は、一か月前から一週間前を目安に贈るのが基本です。事前にわからず後で知った場合などは、その旨をお断りして後日贈ることも失礼にはなりません。

送り状

親しい友人、家族への送り状は、形式にとらわれず感謝の気持ちや贈り物を選んだ理由など、素直な気持ちを添えます。ビジネス関係や目上の方への添え状は、頭語、前文、本文、末文、結語など定型的な手紙の書き方に添って書くのがマナーです。

ヒント

内のしと外のし

贈る品には、のし紙をかけるのがマナーです。贈る気持ちを強調したいときは包装紙の上からかけ紙をかける外のし、控えめにしたいときは商品にかける内のしをします。外のしは、贈る目的と贈り主がひと目でわかるというメリットもあります。

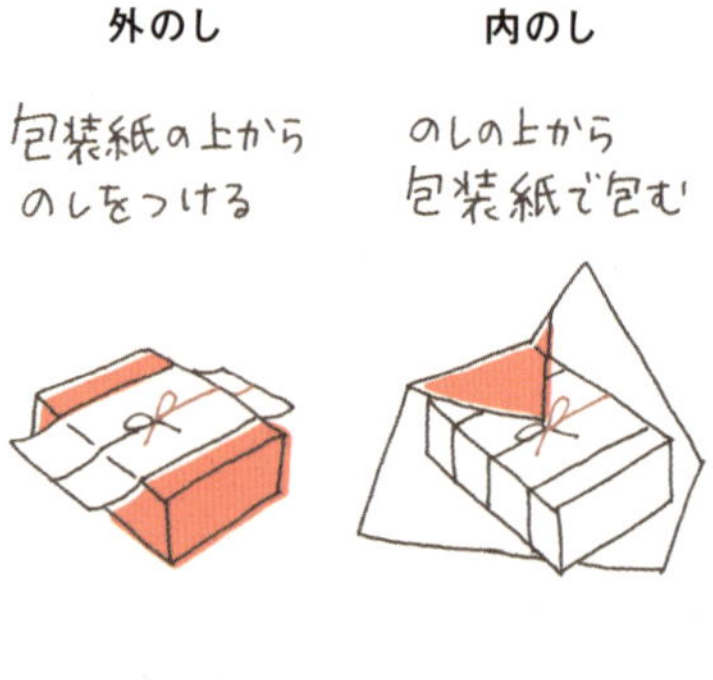

郵送での贈り方

現金を贈る

現金を郵送するとき、現金書留以外では送付できません。郵便局の窓口で「現金書留専用封筒（20円）」を購入し、必要事項を記入して、窓口で料金を払います。料金は郵送料＋420円から（損害要償額1万円まで、5千円ごとに10円加算されます）。普通郵便で現金を送るのは法律で禁止されています。現金と判明した場合は、送り返されたり、罰金を支払ったりすることになります。

大きな贈り物を贈る

結婚祝いや引越し祝いで家電や家具などの大きなものを贈るときは、事前に相手の希望を聞いてから手配し、宅配便を利用してお店から直接新居に送ります。大きな贈り物は、設置に立ち合える人が必要なので、贈る相手の都合を伺ってから、配送日や時間を手配しましょう。「家電料」「インテリア料」など、贈るお金で買って欲しい品物を具体的に書いて現金を贈るのも一つの方法です。

Manner up!

郵送で受け取ったとき

贈り物を郵送で受け取ったら、先方に届いたことを伝えるためにもすぐに電話か手紙でお礼を伝えましょう。万が一、送り状をいただいているにもかかわらず品物が届かない場合は配送業者に確認します。業者がわからないときは、贈り主に確認しても失礼ではありません。

もし、送り状と違う品物が届いたり、品物が壊れていたりしたら、相手には伝えず配送業者に確認しましょう。

贈り物の基本

花を贈るマナー

お祝いやお見舞い、また弔事など、贈り物のシーンに欠かせないのがお花です。ただそれだけに、知っておかないと相手を不快にさせてしまうタブーも多くあります。贈る主旨の基本マナーや、相手の好みの花を押さえて、気持ちのよいスマートなお花の贈り方を覚えましょう。

また、基本マナーを踏まえた上で、花の専門家であるお花屋さんに相談するのも一つの方法です。相手への贈る気持ちを最大限に引き出してくれるようなアドバイスをしてくれるお花屋さんをみつけておけば、いざというとき心強い存在になります。贈る目的に合った花を選んで贈りましょう。

Check!

花を選ぶコツ

□新鮮で旬な花を

茎が太く、花の付け根のしっかりしたもの。旬の花は季節感を表すのに最適です。

□複数の花を組み合わせて

好みのはっきりするのも花の特徴。好みがわからなければ、数種類を交ぜて贈ります。

□手入れの簡単なもの

手入れのいる鉢植えよりも、手軽に楽しめるアレンジメントなどを贈るほうが無難です。

□明るく上向き

お祝いには明るい色で、上を向いた花を贈るようにすれば間違いありません。

POINT

病気見舞いの花のタブー

- 鉢植え（「寝つく」を連想させるため）
- 赤い花（血を連想させるため）
- 香りが強すぎる花
- トゲのある花
- 暗い色の花

また、花粉が多い花もお見舞いに限らず花粉アレルギーの人もいるので気をつけましょう。百合のように花粉が服につくととれにくいものにも注意が必要です。

花をオーダーするときに伝えること

目的

誕生日祝いなのか、結婚祝いなのか贈る目的を伝えましょう。

贈る相手

相手の性別、年齢、社会的地位などを伝えるとよりふさわしいものに。

予算

予算をはっきりと伝えることによって、お店側も提案がしやすくなります。

希望

入れて欲しい花や贈り方の形態、花の雰囲気など、具体的な要望があれば伝えましょう。

Manner up!

早めのオーダーを

季節によっては入荷の難しい花や、一年を通して手に入りにくい花、量をたくさんそろえることが難しい花もあります。

贈りたい花のイメージや、入れて欲しい花などのリクエストがある場合は、早めにオーダーをしましょう。

インターネットのサービスを使えば、注文受付が24時間可能なので、忙しい人でも早めに注文することができます。リクエストは備考欄に書いておきましょう。

贈る花の形態

お祝いスタンド花

開店・開業・イベント・公演・ライブ・コンサートなどのお祝いに最適です。

アレンジメント

お祝い、誕生日、お見舞い、お礼などに。そのまま飾れるので、もっともポピュラーな花の贈り物です。

花束・ブーケ

結婚記念日・誕生日・退職祝い・還暦祝い・歓送迎会など、シーンに合わせて花や花材を選びましょう。

プリザーブドフラワー

長期間（保存状態がよければ5年以上）美しい姿のお花を楽しむことができるので、最近人気があります。

観葉植物

移転・引越し・開店・開業・お祝いなど、オフィスや新居のインテリアとして。手入れが簡単なものが人気です。

供花・お悔やみ花

注文するときは、送り先の会社名や個人名、届ける日時、届け先を正確にわかりやすく記します。

ヒント

遠方の方に贈る

全国ネットのお花屋さんを利用すれば、遠方の方へ贈りたいときでも、先方の最寄りのお花屋さんから届けてくれます。

花キューピット

全国約4200店のお花屋さんが加盟している花の配送サービス。インターネットや電話で受け付けています。
http://www.i879.com/

Column

季節の花と花言葉

春

桜	精神美
チューリップ	博愛
すずらん	幸福が戻る
バラ	美、愛情

夏

百合	純潔
ラベンダー	疑惑
あさがお	愛情
ひまわり	私の目はあなただけをみつめている

秋

コスモス	乙女の真心
金木犀	謙遜
もみじ	遠慮
彼岸花	悲しい思い出

冬

シクラメン	切ない思いを受け止めて
パンジー	物思い
ベゴニア	片思い、親切

励ましに使える花言葉

希望	ガーベラ、スノードロップ
強い意志	イエローサルタン
不断の努力	グラジオラス
誇り	アマリリス
元気	サイネリア
大志	シンビジュウム
必勝	おだまき

贈り物の基本

贈り物をいただくマナー

贈り物に対する最高のお返しは、相手に喜ぶ姿をみせることです。心からの感謝や喜びを素直に伝えましょう。ただし、感謝や喜びの伝え方にもマナーがあります。

贈り物にはお返しの必要なものと、不要なものがあり、またお返しのタイミングも重要になります。お礼の言葉は早めに伝えることが基本ですが、お返しはすぐに贈ると事務的な印象を与えてしまいます。失礼のないように気を配り、20日くらい間をあけてから贈りましょう。「お礼状を書くのが苦手」と出しそびれるより、一筆箋やメッセージカードなどの短い文章でもいいので、お礼を伝えることが大事です。

贈り物をいただいたときのマナー

お礼のあいさつ

贈り物をいただいたら、すぐにお礼を伝えます。持参されたときはその場で、郵送の場合も電話やお礼状で３日以内にお礼を伝えましょう。

お返しのタイミング

いただいてすぐにお返しを贈るのは相手に事務的な印象を与えてしまいます。また、入学などの子どもへのお祝いや災害見舞い、お歳暮など、お返しの必要がないものもあります（詳しくはP119）。

お返しの金額の目安

お返しの額は３分の１から半額が目安になります。いただいた品より高額なお返しを贈るのは失礼になります。

ただし、年下の人からの贈り物のお返しは、少し多めの金額の品物を選んで贈りましょう。

受け取れないとき

仕事や立場によって受け取れない贈り物は、「立場上受け取れません」など一筆添えて返送するか、配達業者に引き取ってもらいます。直接いただいたときは、「お気持ちだけ……」といって、お断りします。「いただけません」「お返しします」など、直接的な表現は避けましょう。

お返しのいらない贈り物

お世話のお礼

あなたがお世話をしたり、頼まれたりしたことに対しての贈り物は、基本的にお返しをする必要はありません。お中元やお歳暮もこれにあたります。

子どもの成長祝い

収入のない子ども自身に贈られる初節句、七五三、入学、成人など。しかし、出産祝いは親に贈られるものですので、内祝いを贈るのが一般的です。

災害見舞い・火災見舞い

励ましや手伝いのために贈られるものなのでお返しは必要ありません。落ち着いてから、電話や手紙でお礼を伝えましょう。

栄転・昇進祝い

新任地着任のあいさつ状に、お礼の言葉を添えます。ただし、個人的にお世話になった方には、別途お礼状を送るほうがよいでしょう。

POINT

お返しが必要のない贈り物をいただいたら、そのときお返しをしなくても、その人の誕生日に贈り物をするなど、別の機会に贈り物をすればよりよいお付き合いにつながります。

Manner up!

喜ぶ姿を素直に伝える

贈り物をその場でいただいたときは、改まった席でなければ相手に「開けてもいいですか?」と断ってから、相手の前で包みを開けて中身を確認し、感謝や喜びを素直に伝えます。
いただいた贈り物は、丁寧に扱うのがマナーです。包装紙は破かず、テープを外してたたみましょう。

斜め包み

デパートなどで使われるもっとも一般的な包み方なので、覚えておきましょう。
缶など角のない品物を包むときにも便利です。

1 ペーパーから包むものを出しておき、手前を折り曲げる。

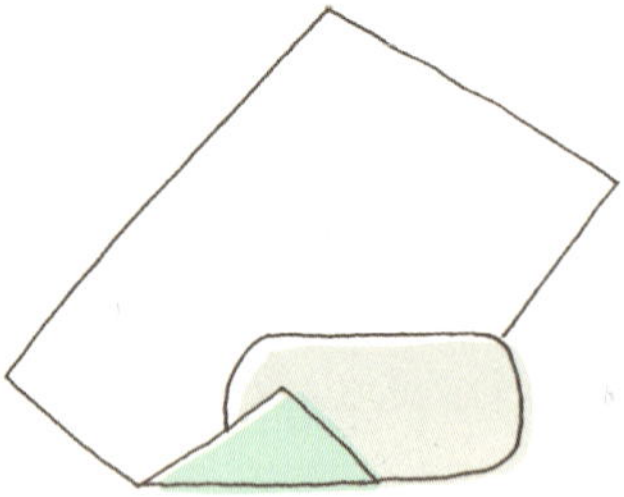

2 端の部分を持ち上げて曲げる。

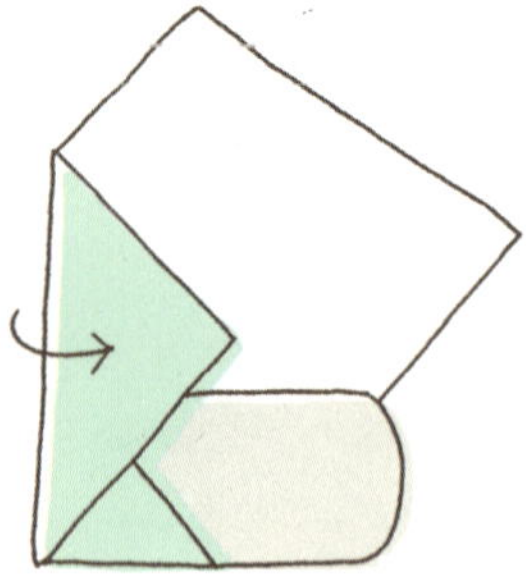

3 品物を一回転させる。

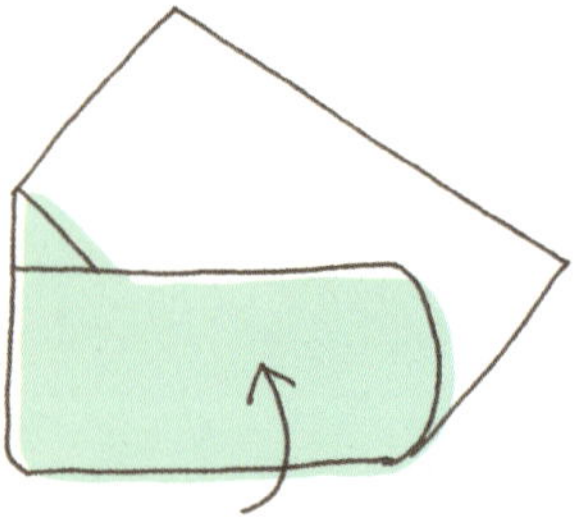

4 もう片方の紙を折り込む。

5 余った部分を包み、テープでとめる。

POINT

包装紙に和紙や英字新聞を使ったり、リボンの代わりに飾り水引や古布を使ったりすると、贈り物のイメージが大きく変わってきます。ラッピングの基本をしっかり覚えておけば、アレンジがしやすくなります。

キャラメル包み

失敗が少なく簡単なので初心者におすすめのラッピングです。

1 箱のサイズに合わせてペーパーをカットする。

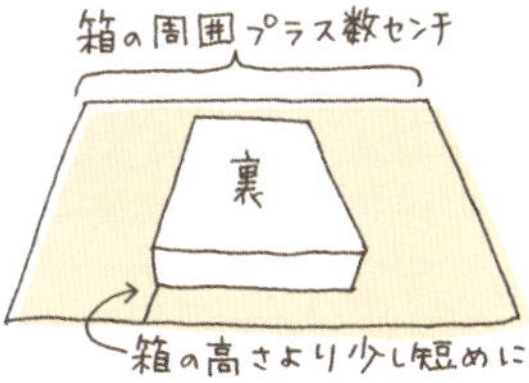

2 箱の中央で重なるようにテープでとめる。

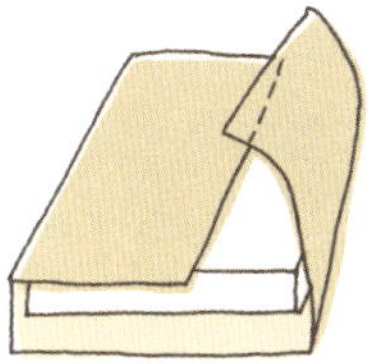

3 両サイドのペーパーを折り込む。

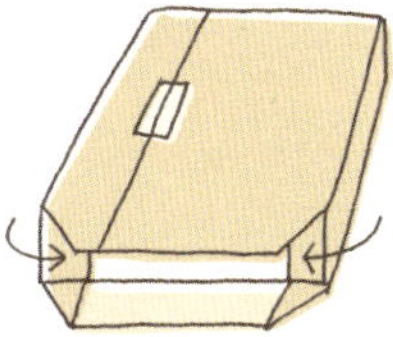

4 上下の余ったペーパーを折る。

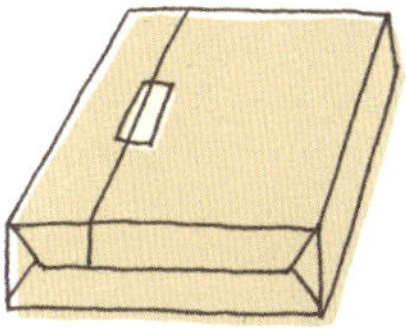

スクエア包み

高さのある箱を包むときに向いています。

1 ペーパーの中央に品物を裏側にしておく。

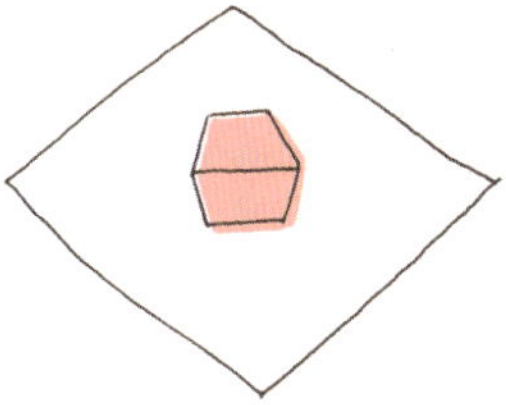

2 上下、左右を折ったときそれぞれ余りが
数センチになるようにペーパーをカット。

3 手前を折り曲げ、左右を持ち上げる。
余った部分はタックを作る。

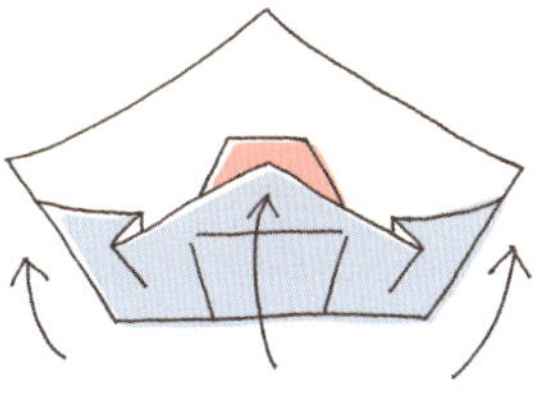

4 同様に最後の角を折り曲げる。

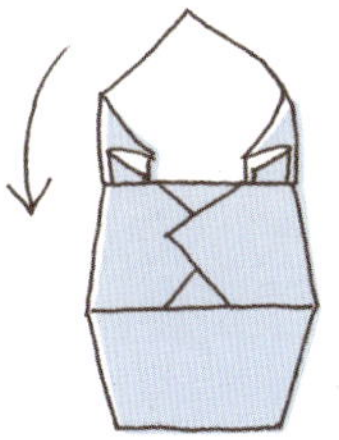

ビン包み

円柱の品やワインなどのビンを包むときに最適です。

1 ペーパーの上に円柱の品物を置く。点線が箱の外周プラス数センチになるようにカット。

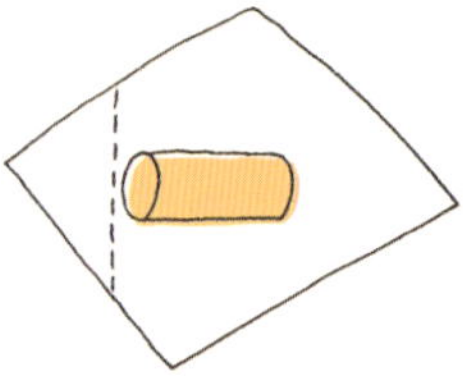

2 手前のペーパーを持ち上げ、品物を回転させて半分ほど包み、左右に折り目をつける。

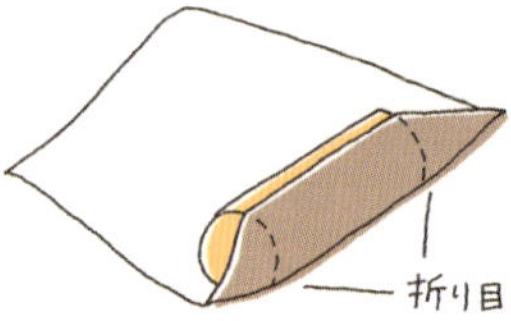

3 少しずつ品物を回しながら左右のペーパーにタックを作るように折っていく。

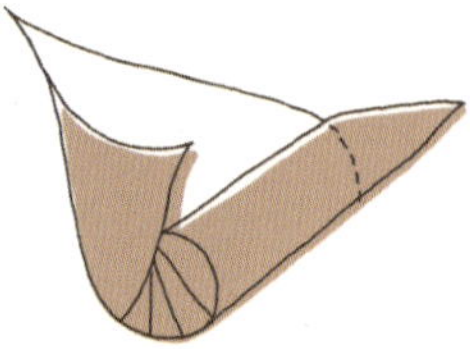

4 左右を同様に折り込み、最後にテープでとめる。
※ワインなど先が細くなっているもののときは底側のみ③の要領で折る。

リボンのかけ方① 〜十字がけ〜

箱の縦横にリボンをかけるもっともスタンダードな方法です。

1 蝶結びに必要な長さをとり、残りのリボン(B)を箱に回しリボン(A)の上になるようにする。

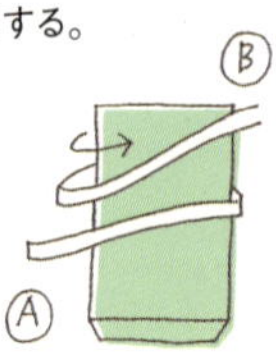

2 リボン(A)が上、リボン(B)が下にくるように中心で交差させる。リボン(B)を箱に回しかける。

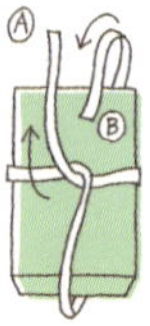

3 リボン(B)の先端を、中心の交差部分の下から矢印の方向へ通す。

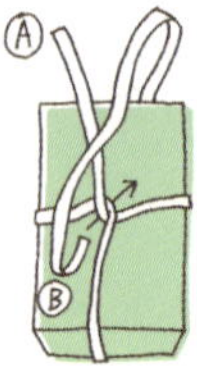

4 リボン(A)を下の方向に移動させ、リボン(A)(B)それぞれ反対方向へひっぱる。

5 中心がしまるので、その状態から蝶結びをする。

リボンのかけ方② 〜斜めがけ〜

四隅がある箱にリボンを斜めにかけます。ラッピングに凝りたい人におすすめです。

1 左上からリボンを箱の裏に回す。

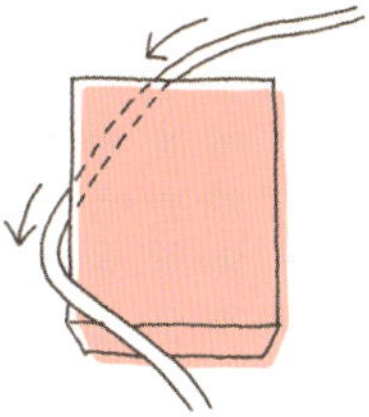

2 回したリボンを箱の四隅にひっかけながら回す。

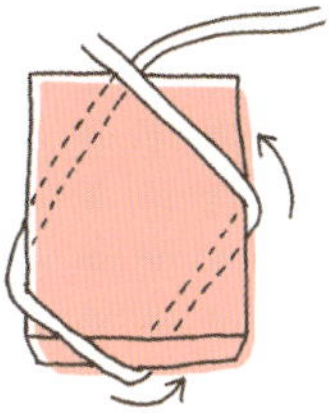

3 裏表同じになるように巻かれていればOK。

4 リボンを回し、蝶結びをしてできあがり。

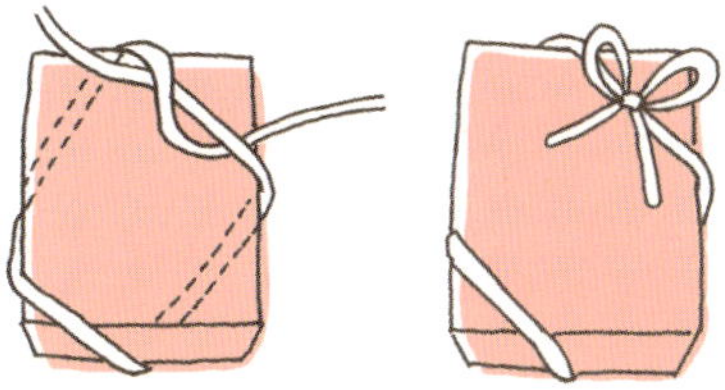

リボンのかけ方③ 〜山がけ〜

リボンを末広がりにかける方法です。

1 品物にリボンを斜めにかける。

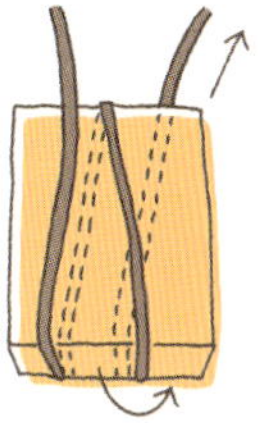

2 一方を図のように回して固定する。

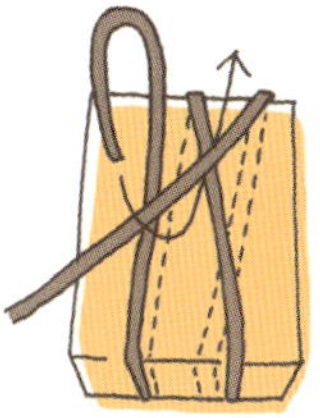

3 固定された左下から出ているリボンで輪を作る。

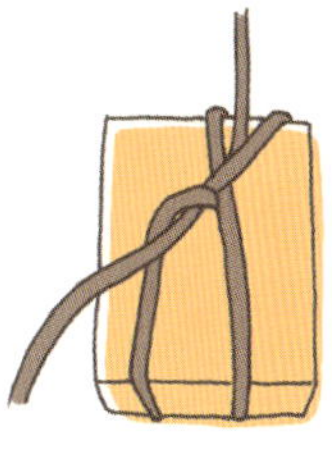

4 輪の上で蝶結びをする。

手紙の基本

手紙の書き方

招待状やあいさつ状などのあらたまった手紙を書くときは、頭語から始まり結語で終わるという特有の形式を守って書くのがマナーです。

基本の形式や決まり言葉を覚えておくと手紙を書くときに楽になり、大変便利です。

前文

①拝啓　②桜の開花が待ち遠しい今日この頃ですが、③ご家族のみな様にはお元気にお過ごしのこととお喜び申し上げます。

④さて、その節は長男雅夫の

基本スタイル

【前文】 文頭のあいさつ

①頭語

「こんにちは」にあたる部分です。「拝啓」はあらたまった相手へ、②と③を省略して本文に入る場合は「前略」などを使います。

②時候のあいさつ

頭語から1字分あけて書くか、改行します。改行する場合も、1字下げて書いたほうが読みやすくなります。

③健康・繁栄を喜ぶ言葉

「いかがお過ごしですか」など相手の安否を問う言葉や、日ごろお世話になっていることへの感謝の言葉を書きます。②に続けるか改行します。

【主文】 用件・本題

④手紙の本題

③から改行して、「さて」「このたびは」などから始めて、手紙の趣旨を述べます。文中に相手の名前が出てくるときは、行の３分の２より下にこないようにします。また逆に、自分に関係する言葉「私」「夫」「母」は、行頭の３分の２より上にこないようにします。

【末文】 話を終えた後のあいさつ

⑤締めくくりの言葉

改行して相手に対する今後の指導や厚誼のお願いや、繁栄を祈る気持ちを書きます。

⑥結語

文の一番下から1字分上げて書きます。結語は頭語とセットになっているのでパターンを覚えておきましょう。

【後付】 いつ・誰から・誰へを示す

⑦発信日

文頭を1～2字あけて、手紙を書いた日付を書きます。

⑧差出人名

名前の最後の文字を、結語の位置とそろえて書きます。

⑨宛名

改行して行頭から大きめに書き、「様」「先生」などの敬称をつけます。二人以上にあてる場合、それぞれの名前につけます。

主文

高校入学にあたり、過分なお気遣いをいただき、まことにありがとうございました。なんとか志望校へ入学することができ、親子ともども胸をなでおろしているところでございます。

末文

⑤入学準備が落ち着きましたらお礼に伺わせていただく所存でございますので、本日はとりあえず、書中にてお礼申し上げます。奥様へもよろしくお伝えくださいませ。

⑥敬具

後付

⑦平成○年○月○日

⑧高橋圭子

⑨平林孝典様

頭語と結語の組み合わせ

頭語と結語の組み合わせには決まりがあるので、セットで覚えましょう。

手紙の種類	頭語	結語
一般的な手紙	拝啓　拝呈　啓上　*一筆申し上げます　*一筆啓上いたします	敬具　拝具　敬白　*かしこ　*ごきげんよう
儀礼的な手紙	謹啓　謹呈　恭啓　*謹んで申し上げます	謹白　謹言　再拝　頓首　*かしこ
前文を省略する手紙	前略　冠省　略啓　*前文失礼いたします　*前略ごめんください	草々　早々　不一　不尽　*かしこ
急用の手紙	急啓　急呈　急白　*取り急ぎ申し上げます	草々　早々　匆々　*かしこ
返信の場合	拝復　敬復　啓復　謹答　*貴信拝見いたしました　*お手紙ありがとうございました	敬具　拝答　*かしこ
再度発信する場合	再啓　再呈　追啓　追呈　重ねて申し上げます	敬具　再拝　敬白　*かしこ
はじめて手紙を出す場合	はじめてお手紙を差し上げます　突然お手紙を差し上げる失礼をお許しください　突然のお手紙でまことに恐縮ではございますが……	敬具　謹言　拝具　敬白　*かしこ

*は女性のみが使える言葉です。頭語と結語は上下の枠内なら、どのような組み合わせでも使えます。

時候のあいさつ

時候のあいさつには、漢語調のものと口語調のものがあり、
どちらを選択するかで手紙の印象が変わってきます。漢語調は、格調高い表現で、
儀礼的な手紙やビジネス文書によく使われます。口語調の表現はやわらかい言い回しになり、
お祝い状やお礼状などの個人でのやり取りに向いています。

1月　睦月

酷寒の候　寒さ厳しいおりから　厳寒のおりから
新春とは申しながらまだ堪えがたい寒さが続きますが

2月　如月

余寒の候　余寒厳しいおりから　梅月のみぎり
立春の候　春寒の候　向春の候　節分の候
雪解けの水もぬるみ　大寒にまさる寒さのおり

3月　弥生

早春の候　春まだ寒いこのごろ　春暖の候
盛春の候　春寒の候　桜月の候　春寒しだいにゆるみ

4月　卯月

春暖の候　陽春の候　うららかな季節を迎え　春和の候　惜春の候　春たけなわのみぎり
春も深くなり　春光うららかな　葉桜の季節となり

5月　皐月

新緑の候　惜春の候　晩春の候　若葉薫る頃となりましたが　青葉が目にしみる頃
風薫る五月となりましたが　葉桜の頃となりましたが

6月　水無月

初夏の候　向夏の候　薄暑の候　入梅の候　麦秋の候
木々の緑もようやく深くなり　梅雨の候　青葉の候
さわやかな初夏を迎え　長かった梅雨もようやくあがり
向暑のおりから

7月　文月

盛夏の候　酷暑の候　猛暑のみぎり
真夏のみぎり　大暑のみぎり
蝉の声にさらに暑さを覚え
急に暑さが加わってまいりましたが
土用の入りとなりました

8月　葉月

残暑の候　残炎のみぎり　立秋のみぎり　新涼の候　晩夏の候　残暑なお厳しいおり
風の音にも秋の訪れを感じますが　立秋とは名ばかりの暑さ続き　秋にはまだ遠く

9月　長月

秋涼の候　初秋の候　新秋の候　秋色の候
涼風の候　野分の候　爽秋の候　清涼のみぎり
さわやかな好季節をむかえ　明月の秋をむかえて
朝夕日毎に涼しくなり　残暑去りがたく

10月　神無月

さわやかな秋となりましたが　菊の薫る頃　秋晴の候　清秋の候
中秋の候　秋冷の候　菊花の候　紅葉の候　時雨月となりましたが

11月　霜月

晩秋の候　霜秋の候　落葉の候　菊薫る候
暮秋の候　深秋のみぎり　追々寒さに向かいますが
めっきり寒くなってまいりましたが
冷雨が降り続く　向寒のおりから

12月　師走

初冬の候　師走の候　歳晩の候
年もせまりなにかとご多忙のこと
今年もおしせまってまいりましたが
歳末なにかとご多用のおり　寒気厳しき折柄

季節に関係なく使える時候のあいさつ

天候不順のおり
好天気続きで、ひと雨欲しいところでございます
降り続く長雨に、気も滅入りがちですが……

ヒント

慣用句は気候に合わせて

時候のあいさつを決めるときは、季節に合わせたものを選びます。しかし、近年は冷夏や暖冬などの異常気象が起きています。また、沖縄と北海道では気候がだいぶ変わります。そのため、例えば９月でも夏日が続いている年に、「秋涼の候」と書いてしまうと、いい加減な印象を与えてしまいます。実際の天候に合う慣用句を選びましょう。

手紙の基本

尊称と謙称の使い分け

自分では正しい敬語を使っているつもりでも意外と間違っていることが多いものです。特に手紙を書くときは一度投函してしまうと取り消すことができないので、話すときより気をつけましょう。手紙では、相手や相手の近い人、場所や物などに敬意を表すときに使う「尊称」と、自分や自分側の人間、場所や物をへりくだって表現する「謙称」の使い方に注意しましょう。一般的な敬称に「〜様」をよく使います。このとき役職名付きの場合は、「社長○○様」としますが、「社長様」という使い方はしません。また、宛名で「○○社長」と書いて、本文で「○○様」と書くのも間違いです。

人に対する尊称と謙称

	尊称	謙称
父	お父様　お父上様　御尊父様	父　おやじ　家父　老父
母	お母様　お母上様　御母堂様	母　おふくろ　家母　老母
義理の父	御岳父様	義父　舅
義理の母	御丈母様	義母　姑
祖父	御祖父様	祖父
祖母	御祖母様	祖母
夫	ご主人　旦那様　ご主人様　夫君	夫　主人　宅　○○○(名前)
妻	奥様　奥方様　御奥様　令夫人	妻　愚妻　女房　○○○(名前)
兄	御令兄様　御兄上様	兄　兄貴　長兄　次兄
弟	ご令弟様　弟さん	弟　舎弟
姉	御姉上様	姉
息子	ご令息様　ご子息様	倅　豚児　子ども 息子　○○○（名前）
娘	ご令嬢様　お嬢様	娘　拙女　子ども　○○○(名前)
おじ	伯父様　叔父様	伯父　叔父
おば	伯母様　叔母様	伯母　叔母
甥	甥御様　御令甥様	甥　小甥　愚甥
姪	姪御様　御令姪様	姪　小姪　愚姪
孫	貴孫　御高孫　御愛孫	孫　小孫
親族	御一門　御親族　ご親戚	親戚　親族　親類の者
家族	皆々様　ご一同様	一同　家族
友人	御朋友　御友達	友人　友達
先生	先生　お師匠様	吾師
弟子	御門弟　御弟子	門下　門弟　門下生
上役	御上司　貴部部長　貴課課長	上司　部長の○○　課長の○○

場所や物に対する尊称と謙称

	尊称	謙称
場所	御地　貴地　貴国　御市内　尊地	弊地　僻地　当方　当地　国元
住まい	貴邸　尊宅　尊邸	拙宅　拙家　茅屋　小宅
お店	貴店　御店	弊舗　当店　弊店
訪問	御訪問　御来臨　ご来光	お訪ねする　お伺いする　ご訪問する
意見	ご高見　御名案	愚考　私見　僻見
手紙	お手紙　お便り　ご書簡　尊簡　玉章	手紙　書状　書面　寸書　一筆
会社	貴社　御社	小社　弊社　私ども
学校・病院	貴校　貴院　貴大学	本校　本院　当院
団体	貴組合　貴会　貴協会	本協会　当組合
品物	お品　結構なお品　美酒 美果　佳品	おしるし　粗品　粗菓 心ばかりの品

POINT

目上の人に追伸はNG

手紙には、本文で書き忘れた内容を補足するときに使う「追伸」という慣用表現があります。追伸を使うと、どうしても書き直す手間を惜しんだという印象を与えてしまうので、あらたまった手紙や目上の方には使わないようにしましょう。また、結婚式のお祝い状やお悔やみ状などでは「重ねる」「繰り返す」に通じるため、タブーとされています。

敬称の使い分け

様　個人につける敬称です。どんな場合でも使えます。

殿　公用や社内文書などで、役職を冠した個人につける敬称です。私的な手紙で、目下の人には使えますが、目上の人に使うことは、失礼にあたります。

先生　医師、弁護士など先生と呼ばれる職業や、作家につける敬称です。

御中　個人ではない、会社や団体、組合などにつける敬称です。「○○様御中」という使い方は誤りです。

Manner up!

宛名書きは万年筆で

儀礼的な手紙を書くときは、毛筆か筆ペン、または万年筆で書くのが基本です。
万年筆のインクは黒かブルーブラックがベストです。カジュアルな印象を与えてしまうので、黒や青のボールペンを使うのは避けましょう。また、慶事と弔事の宛名書きは墨の濃さが違います。慶事は濃く、弔事は薄いインクを使います。

手紙の基本

封筒の書き方

封筒には和封筒と洋封筒があり、正式な手紙はどちらも白地を使います。

和封筒は「長形4号」と呼ばれる封筒で、一般的な手紙に用いられます。茶封筒は事務的なことに使われるため、手紙のときは避けましょう。また、弔事やお見舞いの手紙は、不幸が重ならないように、裏紙のついていない一重のものを使います。

洋封筒（角封筒）は、慶弔事のあいさつ状や招待状などに使います。「洋形2号」が一般的なサイズです。慶弔事に使う場合は、郵便番号の枠が印刷されていないものを選び、ふたの合わせを逆にします。慶事は右側から閉じる右閉じ、弔事は逆になります。

和封筒の表書きと裏書きのマナー

【表書き】

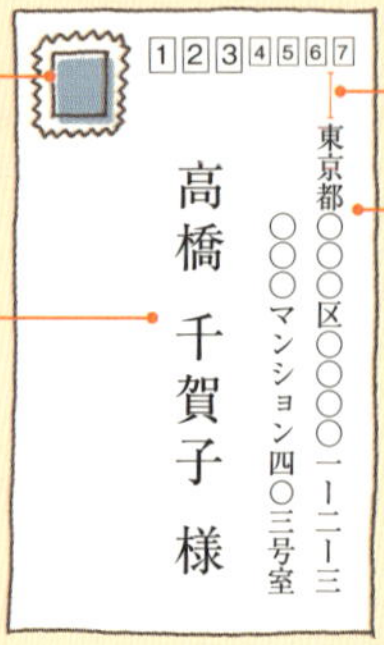

切手
1枚が望ましい。多くても3枚まで。

宛名
住所より一回り大きな文字で、1字分下げて中央に。字間をあけて書く。

1センチくらいあける。

宛先
郵便番号の枠から1センチと、封筒の右端から1文字分あけて書く。2行になるときは2行目を1～2字下げて書き始める。

【裏書き】

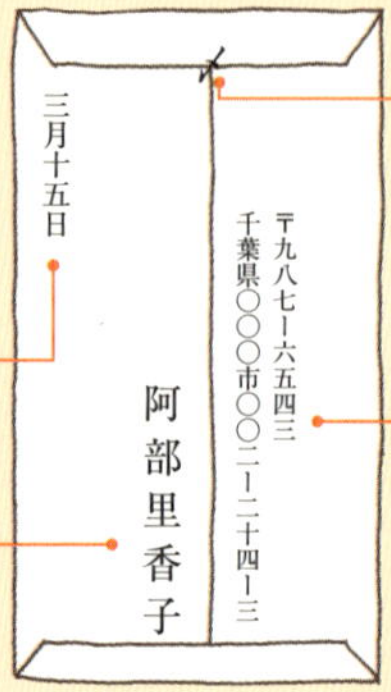

日付
住所と氏名を閉じ線の左右に書いたときは、封筒の左上に。左側に寄せて書いたときは右上に書く。小さめの漢数字で記す。

差出人氏名
住所より大きめの字で、やや低い位置から書く。

封字
封じ目に「封」か「〆」の字を書く。慶事のときは「寿」「賀」を。

差出人住所
閉じ線の右側に書く。

洋封筒の表書きと裏書きのマナー

【表書き】

封筒の開口部が上にくるように使う。

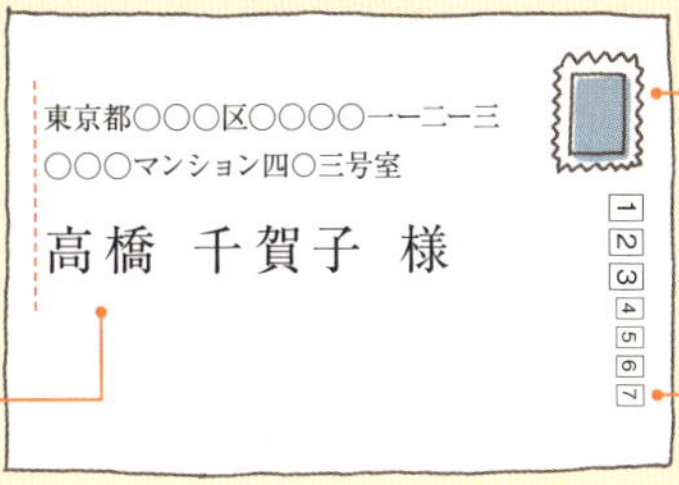

切手
封筒の右上に、文字と同じ向きに貼る。複数貼るときは、左横に並べる。

宛先・宛名
宛先と宛名の最初の文字をそろえて書く。宛名は封筒の上下中央にくる位置に書く。

郵便番号
縦書きと同じ向きで書く。

【裏書き】

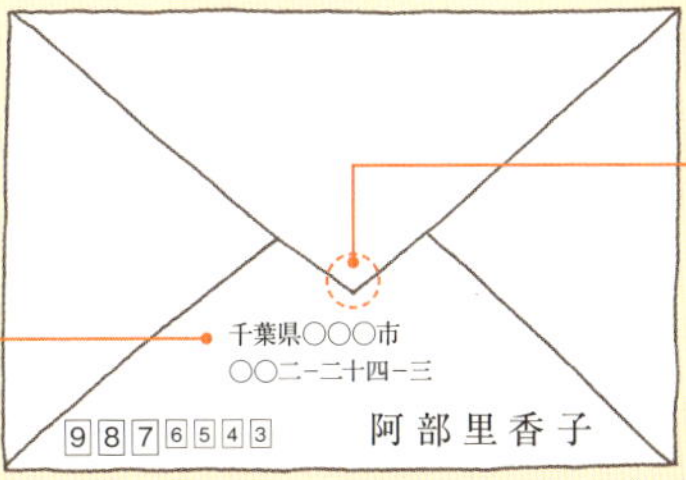

封字
横書きで使うときは、「封」や「〆」は書かなくてよい。

差出人住所・氏名
封筒の下側に、やや右より、もしくは左右中央に書く。

※洋封筒を縦に使うときは、和封筒と同じ書き方にする。
慶事は開口部が右に、弔事は開口部が左にくるように使う。

Manner up!

手紙とはがきの使い分け

はがきはあくまでもカジュアルな手紙。目上の人やお世話になった人へは封書による手紙で気持ちを伝えるのがマナーです。また、はがきは第三者の目に触れることも意識して書きましょう。

あらたまった手紙には

正式な手紙を書く場合は、便箋も封筒も白地のものを使うのがマナーです。社名が入ったものなどは私的な手紙には使いません。

便箋の折り方と入れ方

和封筒…三つ折り

1
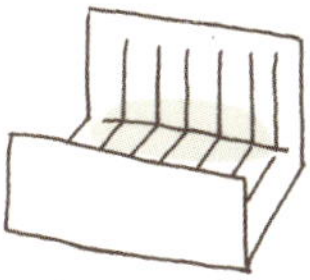
便箋の下側から折り、上側をかぶせ、三つ折りにする。

2
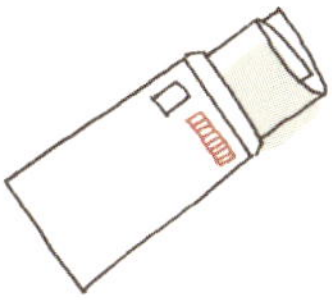
封筒を表から見て、左側に折り山がくるように入れる。

洋封筒…四つ折り

1
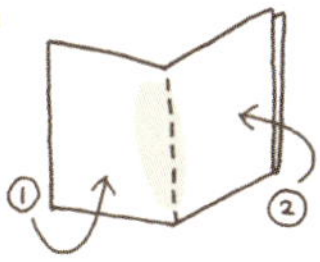

右側から縦に折り、上側をかぶせ、四つ折りにする。

2

開口部に折り山がこないようにして入れる。

送り状とお礼状

結婚祝いの手紙

〇〇さん、このたびは本当にご結婚おめでとうございます。

結婚式の写真、お二人ともとても幸せそうでうらやましい限りです。美しい花嫁姿に、ご両親もさぞお喜びのことだったでしょう。

これからは、〇〇さんと力を合わせて明るく楽しい家庭を築かれてください。

本日、心ばかりのお祝いの品を〇〇デパートからお送りしました。気に入っていただければ幸いです。

これからもお体にお気をつけて幸せな家庭を築かれてください。

略儀ながら、書中をもって結婚のお祝いを申し上げます。

かしこ

POINT

年賀状などではじめて結婚を知る場合もあります。その場合は金品を贈らなくても、簡単な手紙やお祝いのカードを送って祝福の気持ちを伝えましょう。

結婚祝いの忌み言葉

別れる、分かれる、壊れる、飽きる、終わる、再び、重ね重ね、またまた　など

送り状とお礼状

出産祝いの手紙

このたびは無事に男（女）の赤ちゃんをご出産されましたこと、
まことにおめでとうございます。
また、母子ともに順調と伺い、ほんとうに安心しました。
しばらくはお体を大切にして、ゆっくりご静養なさってください。
お祝いの気持ちを込めて、ベビー服をお送りしましたのでお受け
取りください。
産後の養生を充分にとられお元気になりましたら、お子様のお顔
を拝見しに伺いたいと思っております。
まずは取り急ぎ、書中をもってお祝いまで。

かしこ

POINT

出産後はなにかと忙しく、伺うのはかえって迷惑になる場合もあります。お祝いの気持ちは手紙に託しましょう。産後のいたわりや、赤ちゃんの将来に関する言葉を述べます。

出産祝いの忌み言葉

失う、消える、落ちる、流れる、苦しむ、破れる、4（死につながる）など

送り状とお礼状

結婚祝いへのお礼状

拝啓　春寒の候　みな様方にはご健勝のこととお慶び申し上げます。

このたびは、私たちの結婚にあたり、温かいご祝詞を賜り厚くお礼申し上げます。また、結構なお祝いの品をお届けくださいまして、心より感謝いたしております。

頂戴しました○○は、新婚生活で大活躍でございます。

万事に行き届かぬ私たちではありますが、なにとぞ末永くお導きいただきますようお願い申し上げます。

新居を構えましたのでぜひとも遊びにいらしてください。

みな様方のご健康とご繁栄を心よりお祈り申し上げます。

敬具

POINT

頭語、結語、時候のあいさつなどの基本を押さえて失礼のないようにしましょう。新居の住所や電話番号も不備のないように。

相手が親しい間柄の人なら前文を省き、お礼の言葉から書き出してもかまいません。

送り状とお礼状
贈り物へのお礼状

秋風が心地よい季節となりましたが、みな様お変わりなくお過ごしでしょうか。

毎年、みな様が丹誠込めて作られたりんごをお送りいただきありがとうございます。早速、家族でいただきました。今年は例年にも増して甘みもあり、みなでおいしくいただきました。

厳しい暑さの中でがんばっていらっしゃるみな様のお姿を心に思い浮かべるにつき、いつまでもお元気でいらっしゃいますようお祈りいたしております。

久しくご無沙汰しておりますので、お正月には子どもたちを連れてお伺いしようと夫婦で話しております。これから朝夕冷えてまいりますのでお体にお気をつけください。

まずは書面にてお礼申し上げます。

かしこ

POINT

贈り物をいただいたときは、通り一遍のお礼ではなく、贈り物に対する具体的な感想を添えましょう。そうすれば感謝の気持ちがより相手に伝わります。

相手は品物が無事に届いているかどうかを気にしているはず。まず電話でお礼をします。

送り状とお礼状

お中元の送り状

株式会社○○○○
代表取締役社長
○○○○様

拝啓　猛暑の候　貴社におかれましては益々ご健勝のこととお慶び申し上げます。

毎々のご厚情を賜り大変感謝しております。本日、感謝のしるしとしまして心ばかりの品をお送りいたしました。お気に召していただければ幸いです。

略儀ではございますが、書面にてごあいさつを申し上げます。

敬具

平成○年○月○日

○○○○株式会社
○○○○
〒123-4567
東京都江東区一番町2番3号
TEL　0123-45-6789

POINT

品物はデパートなどから直接送り届けるのが一般的ですので、目上の方へ送る場合などは特に、事前に送った旨を伝える送り状を出しておきましょう。

会社に送る場合は営業日に、自宅に送る場合は休日に手配するとより親切です。

送り状とお礼状

お中元のお礼状

一筆申し上げます。
暑い日がつづいておりますが、○○様にはご活躍とのこと何より
に存じます。私たちも、つつがなく暮らしておりますので、他事な
がらご休心ください。
さて、このたびは結構なお中元の品をお送りくださいましてあり
がとうございました。早速、家族みんなでおいしくいただきました。
いつもながらの心のこもったお気遣い、主人共々恐縮しております。
暑さ厳しいおりですが、くれぐれもお体にお気をつけください。
まずは、暑中のごあいさつとお礼まで。
かしこ
平成○年○月○日
佐藤敏明
内

POINT

礼状はいただいた本人が書くことがマナーですが、お中元やお歳暮などは、忙しい夫の代わりに妻が書いてもかまいません。代筆するときは、夫の名前の横に「内」と書きます。夫が病気などの特別な理由で書けない場合の代筆は、「代」と書きます。

親しい間柄の人には、「内」や「代」を使わず、妻の名前で書いたほうがいいでしょう。

送り状とお礼状

お歳暮の送り状

拝啓　歳末の候　○○様をはじめご家族のみな様方にはご健勝のこととお慶び申し上げます。

　今年一年、公私ともになにかとお気遣いいただきまして主人共々大変感謝いたしております。来年も変わらぬご厚情を賜りますよう宜しくお願い申し上げます。

　先日、○○デパートから心ばかりの品を送らせていただきました。お気に召していただけましたら幸いでございます。

　師走でなにかとご多用のことと存じますが、くれぐれもご自愛くださいませ。

敬具

POINT

お中元やお歳暮は感謝の気持ちを品物に託したものなので、本来は直接手渡すもの。デパートから送るだけの行為は礼儀に欠けるので、送り状を事前に出しましょう。

地方の特産品や珍味を贈る場合は、調理法や保存法も書き添えるとより親切です。

送り状とお礼状

お歳暮のお礼状

師走に入り、今年も残すところわずかとなりましたが、お父様、お母様ともにお元気にお過ごしでしょうか。ご無沙汰ばかりで申し訳ございません。私たちも今年一年なにごともなく無事に過ごすことができました。

さて、先日は結構な品（品名）をお送りくださいましてありがとうございます。早速みんなでおいしくいただきました。いつもいつも温かいお気遣いを頂戴いたしまして感謝の気持ちで一杯です。

お二人におかれましては、くれぐれもご自愛いただき、よい新年をお迎えになりますようお祈り申し上げます。

かしこ

POINT

相手が両親など親しい間柄ならまずは電話でお礼を伝えたほうがよいでしょう。手紙には、家族の近況や写真などを同封すると喜ばれるでしょう。

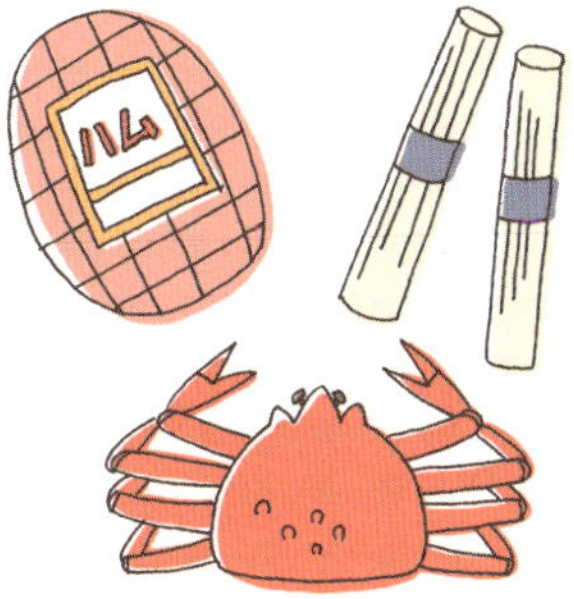

お中元やお歳暮の送り状やお礼状には、時候のあいさつは省略せず必ず書きましょう。

お見舞い状

前略
本日○○さんより伯母様が倒れられて入院したと聞きましてたいへん驚きました。幸い大事には至らなかったとのことなので、ひとまずは安心いたしました。その後の経過はいかがでしょうか。

お聞きしたところ、突然倒れられたとのことで、ご家族のみなさんもさぞやご心配されたことでしょうね。今は、なにはともあれご療養に専念されてください。私たちも陰ながら、伯母様の一日も早いご回復を心からお祈りいたします。

ご容態が安定しましたら病院へもお伺いしようとは思っておりますが、まずはお手紙にてお見舞いを申し上げます。

早々

POINT

入院直後はお見舞いの手紙を送り、状況をみてお見舞いに伺うようにします。病状について根掘り葉掘り聞かない、「絶対に大丈夫」などの無責任な激励はしない、相手に返事を求めるような書き方をしない、などの点に注意しながら書きましょう。

お見舞い状の忌み言葉

死、苦、9、4、枯れる、落ちる、滅びる、壊れる、終わる、別れる、長引く、繰り返す　など

送り状とお礼状

お見舞いへのお礼状

拝復　仲秋の候　○○様におかれましては益々ご健勝のこととお慶び申し上げます。

さて、このたびは、父○○の突然の入院に際して、早々に温かいお見舞状をいただいたばかりか、お見舞いの品まで頂戴しましたこと、厚くお礼申し上げます。

おかげさまで先週無事退院してまいりました。経過も順調で、自宅でゆっくり療養しておりますので、○○様もご安心ください。

また、お見舞いをいただいておきながら、お礼が遅くなりましたこと、ご容赦くださいませ。

末筆とはなりましたが、○○様ご家族のみな様方におかれましてもくれぐれもご自愛くださいませ。

敬具

POINT

退院したらお見舞いをいただいた方全員にお礼状を出します。お見舞いの金品ををいただいた方には、いただいたお見舞いの3分の1から半額程度の快気内祝いを贈ります。

快気内祝いには必ず「全快しました」という報告の手紙を添えます。品物だけが届かないようにしましょう。

お悔やみ状

母上様がご療養中に亡くなられたとのこと、心よりお悔やみ申し上げます。

ご家族のみな様にはお寂しい限りのことと存じますが、三年余りにわたって看護に尽くされたとの由、母上様もさぞかし満足されて心安らかに旅立たれたことでしょう。

早速ご弔問に伺うべきところですが、やむを得ない事情がございまして、ご葬儀に参列できませんことを心苦しく思っております。

回向のしるしに、ささやかな香典を同封いたしました。ご霊前にお供えくださいますようお願い申し上げます。

まずは略儀ながら書中にてお悔やみ申し上げます。

合掌

POINT

通夜や告別式に参列できない場合は、弔問する代わりに手紙でお悔やみを述べます。頭語や時候のあいさつは書く必要がありません。頭語を書かないので結語も省きます。このとき、冥福を祈って「合掌」と締めくくることもあります。

お悔やみ状の忌み言葉

死、死去、苦、4、9、重ね重ね、再三、繰り返す、くれぐれも、たびたび　など

送り状とお礼状

お悔やみのお礼状

謹啓

　このたび、妻よしこの永眠に際しましては、ご丁寧なお悔やみのお言葉と過分なご香料をいただきまして、まことにありがとうございました。

　妻が病床にあって最後まで心にかけておりましたのは、子どものことでございました。故人もどんなに心残りであったろうかと思います。

　覚悟をしていたつもりではございましたが、やはりいまだに信じられない心地です。けれども、いたずらに悲しんでばかりもいられません。今後は残された子どもを大切に育ててあげることが故人に報いることになろうと存じております。

　今後ともなにかにつけ、お力添えを願うこともあるかと存じますが、なにとぞよろしくお願い申し上げます。

　ここに故人生前中のご厚誼を深謝し、書中をもってお礼申し上げます。

謹白

POINT

特にお世話になった人やお悔やみ状をいただいた人には、落ち着いてから礼状を出しましょう。悲しい境遇ですが、暗いことばかり書くのは避けるようにしましょう。

四十九日以降にお礼状を出すのなら、故人の戒名などを明記し、お礼と今後のお付き合いを願う一文を添えましょう。

岩下宣子（いわした　のりこ）

共立女子短期大学卒業。全日本作法会の内田宗輝氏、小笠原流の小笠原清信氏のもとでマナーを学ぶ。1985年、現代礼法研究所を設立。多数の企業や公共団体、商工会議所などでマナーの指導、研修、講演と執筆活動を行う。NPO法人「マナー教育サポート協会」理事長。著書、監修に『祝儀袋・不祝儀袋 表書きのマナー』（小学館）、『図解 マナー以前の社会人常識』（講談社＋α文庫）、『葬儀・法要あいさつ事典―お悔やみ、弔辞から謝辞まですぐに役立つ実例集』（日本文芸社）など多数。

装幀　石川直美（カメガイ デザイン オフィス）
装画　清水麻里
本文イラスト　清水麻里
本文デザイン　行木志満
編集協力　ヴュー企画（池上直哉　須藤和枝　菊地真貴子）
編集　鈴木恵美（幻冬舎）

知識ゼロからの喜ばれる贈り物のマナー

2012年2月10日　第1刷発行

著　者　岩下宣子
発行人　見城　徹
編集人　福島広司

発行所　株式会社 幻冬舎
〒151-0051　東京都渋谷区千駄ヶ谷4-9-7
電話　03-5411-6211（編集）　03-5411-6222（営業）
振替　00120-8-767643
印刷・製本所　株式会社 光邦

検印廃止

ISBN978-4-344-90242-8 C2095
Printed in Japan
幻冬舎ホームページアドレス　http://www.gentosha.co.jp/
この本に関するご意見・ご感想をメールでお寄せいただく場合は、comment@gentosha.co.jpまで。